LA BUENA VIDA

Libros en Español escritos por el Dr. T.L. Osborn

- ➢ Lo Mejor de la Vida
- ➢ La Buena Vida
- ➢ Reciba Sanidad Milagrosa
- ➢ El Plan Amoroso de Dios
- ➢ Ganando Almas Donde se Encuentren

Libros en Español escritos por la Dra. Daisy Washburn Osborn

- ➢ Mujer Sin Límites
- ➢ La Mujer Creyente
- ➢ La Mujer y su Autoestima
- ➢ Nueva Vida para la Mujer
- ➢ 5 Opciones para la Mujer Triunfadora

Puede adquirir estos libros en su librería preferida o escriba a:

Libros Desafío
Apdo. 29724
Bogotá, Colombia

LA BUENA VIDA

T.L. OSBORN

Dedicatoria

DEDICO CARIÑOSAMENTE este libro a todas aquellas personas que quieren saber que Dios es BUENO y que están dispuestas a que El les bendiga y les prospere con Su abundancia espiritual, física y material.

Por cerca de cinco décadas, mi esposa Daisy y yo hemos ministrado a audiencias que van de 20.000 a 300.000 personas congregadas diariamente en más de 70 naciones.

Este libro contiene mucho de lo que hemos compartido cara a cara con esos millones de personas alrededor del mundo. Ahora le dedicamos a USTED estas verdades.

Las fotografías de las cruzadas fueron tomadas por la Dra. Daisy Washburn Osborn

T.L. Osborn

Las citas bíblicas en este libro han sido parafraseadas, y algunas veces compendiadas para alentar la aplicación personal de las mismas. Provienen principalmente de la versión Reina-Valera de 1960 a menos que se indique otra versión.

El autor

"La Buena Vida"
por T.L. Osborn.
Primera edición en español, 1994.
Editada por Asociación Editorial Buena Semilla.
Apdo. 29724, Santa Fe de Bogotá, Colombia.
Bajo contrato con el autor.

Publicado en inglés con el título de:
"The Good Life", by T.L. Osborn.

ISBN 958-9269-43-5

Contenido

5ª PARTE

SALUDABLES PARA SERVIR A DIOS

6ª PARTE

PROSPERIDAD PARA LA GLORIA DE DIOS

7ª PARTE

LA IGLESIA Y SU FE

8ª PARTE

LA BUENA VIDA ES PARA USTED

Prefacio

HACE MUCHOS AÑOS que aprendí que soy el producto de aquello que entra en mí. Lo que recibo determina lo que sale de mí. La clase de semilla que yo siembre determina la clase de cosecha que recogeré.

Para vivir la BUENA VIDA, debo beber de una buena fuente. Este libro le mostrará a usted dónde está esa buena fuente y cómo beber de ella.

El salmista David dijo: *¡Cuán preciosa, oh Dios, es tu misericordia! Por eso los* (seres humanos) *se amparan bajo las sombras de tus alas. Serán completamente saciados y abrevarán del torrente de tus delicias. Porque contigo está el MANANTIAL DE LA VIDA.* Salmo 36:7-9

Salomón dijo: *Escúchame y haz lo que te digo, y tendrás larga y próspera vida. Cumple mis instrucciones, pues ellas te conducirán a la vida verdadera.* Proverbios 4:10,13 BV - La Biblia Viviente

El ser humano está diseñado para pensar, hablar y actuar con Dios, **cumpliendo Su propósito en la tierra.**

Ningún estado en la vida del ser humano tiene tanta recompensa como vivir en armonía con Dios. Aproveche las ideas que provienen de Dios; trabaje con Sus proyectos divinos. Mire la vida como El la ve. Descubra quién es usted y el valor genuino que tiene. Interésese en los planes de Dios; perciba la opinión que El tiene de usted y de las demás personas.

Cuando aprenda el motivo para el cual Dios lo creó, lo mucho que El atesora gozar de su compañía así como el estilo de vida feliz, saludable y próspero que El quiere que usted tenga, descubrirá la verdadera fuente del buen vivir.

Yo comencé a descubrir la verdadera buena vida cuando sólo tenía doce años de edad. Mis objetivos y mis motivos quedaron bien establecidos. Quise lo que Dios quería. Lo quise por los mismos motivos que Dios lo quería. Esos principios surgieron en mí y se afianzaron durante la adolescencia. Me guiaron en el matrimonio. Fueron el cimiento de nuestro hogar y las pautas para la crianza de nuestros hijos.

Esas buenas semillas de la buena vida nos han producido una constante y rica cosecha de felicidad, salud, satisfacción en servir a los demás, logros fantásticos, una vida de amor emocionante en el matrimonio, satisfacción familiar y abundancia.

Nací en una granja del estado de Oklahoma, en una familia de trece hijos. Mi esposa Daisy nació en una granja del estado de California, en una familia de once hijos. A la edad de doce años los dos conocíamos la vida abundante de Jesucristo y lo recibimos a El en nuestras vidas, ella en California y yo en Oklahoma, separados por más de mil quinientos kilómetros.

Inmediatamente comencé a compartir este nuevo estilo de vida con otras personas. Imprimí los conceptos de la buena vida en una imprenta de juguete y los repartí entre los vecinos.

A la edad de trece años estaba dando lecciones bíblicas sobre la buena vida a una clase con alumnos de 15 a 20 años de edad.

A los quince años comencé a hablar a grupos

grandes, viajando como asistente de un evangelista de experiencia.

A los diecisiete, conocí a Daisy Washburn en una iglesia de California.

Ella tenía 17 y yo 18 cuando nos casamos.

A los 20 y 21 años, éramos misioneros en la India.

A los 23 y 24 años estábamos dirigiéndonos a grupos de quince a cincuenta mil personas.

Por más de cinco décadas, hemos enseñado los principios de la buena vida en más de 70 países, a multitudes que han llegado desde 20.000 hasta 300.000 personas en una sola reunión.

Como resultado, miles de personas han acudido a Cristo.

Durante la mayoría de nuestras cruzadas, hemos organizado seminarios para creyentes, como parte de nuestro programa de seguimiento, para enseñar a quienes han recibido a Cristo cómo vivir la buena vida.

Este libro compartirá con usted algo de lo que hemos compartido con tanta gente alrededor del mundo.

La enfermedad, el sufrimiento, el temor, la condenación, la culpa, la vergüenza, la derrota y la pobreza no son la voluntad de Dios para usted.

Si usted sigue los principios del estilo de vida de Dios, estará en el camino correcto hacia la buena vida.

Aprenderá a tener valentía y a tomar decisiones. Descubrirá la salud y el vigor. Prosperará y tendrá bendiciones materiales. Tendrá nuevas amistades. La gente lo querrá. Vencerá los hábitos y vicios malos y dañinos.

Sus seres amados se beneficiarán de su nuevo estilo de vida. Obtendrá soluciones para sus problemas y los de ellos.

Prosperará financieramente. pagará sus cuentas y sus deudas y comenzará a gozar de las cosas buenas que por tanto tiempo ha deseado.

Desaparecerán las debilidades y los males crónicos que ha estado sufriendo. Las enfermedades serán curadas.

Estará dominado por un nuevo sentido de seguridad y de autoestima. Tendrá triunfos en lugar de fracasos. Sentirá alivio de las presiones y de las tensiones. Verá el desarrollo de sus planes con claridad.

Sus pecados estarán perdonados. La culpa y la condenación desaparecerán.

La vida será un placer; tendrá felicidad y conocerá logros; ayudará y enriquecerá a otras personas y la gente lo estimará y creerá en usted.

Todo esto como parte de la buena vida.

Como Salomón dijo: *Tendrás larga y próspera vida; mis instrucciones te conducirán a la vida verdadera.* Proverbios 4:10,13 BV - La Biblia Viviente Cristo dijo: *Yo he venido para que tengas vida ... en abundancia.* Juan 10:10 Nuestra versión de la Biblia en francés dice: *... para que tengas vida y la vivas en abundancia.*

Dios quiere que usted tenga Sus cosas buenas en la vida desde hoy mismo.

El tiene muchos milagros guardados para usted. Ahora puede darle la oportunidad para que El le prueba toda su bondad en su vida. Las cosas buenas comenzarán a manifestarse en su vida desde este mismo momento.

La buena vida está claramente dispuesta delante de usted. Acéptela y comience a esperar milagros.

Tener este libro en sus manos es una señal segura de que Dios se está acercando a usted, ahora mismo, para darle la buena vida.

1ª PARTE

LOS CIMIENTOS DE LA FE

HE AQUI VERDADES que lo llevarán de la mediocridad al éxito y a una estimulante autoestima que se desarrollará en su vida cuando descubra quién es usted.

Desde la imponente grandeza de las cumbres de las montañas hasta la fabulosa abundancia de los ricos valles, es evidente que el Señor ha puesto al hombre y a la mujer en medio de un mundo de cosas buenas.

A menos que la vida tenga significado con Dios, estará totalmente complicada sin Dios.

Un día vi al Señor y lo vi vivo. El se presentó en mi cuarto a las seis de la mañana y lo vi tan claramente como puedo ver a cualquier otra persona.

Capítulo 1

Paraíso de la abundancia

LAS VASTAS RIQUEZAS de este planeta son creación de Dios que es bueno Salmo 145:8,9; Salmo 100:5; Salmo 119:68 y que ha creado una abundancia de cosas buenas para usted.

Todo diamante, toda piedra preciosa, todo mineral y todo recurso natural han sido puestos aquí, depositados, para la buena vida que Dios quiere para usted. Deuteronomio 33:13-16; Ezequiel 28:13

Desde los vistosos campos de tulipanes que deslumbran en los paisajes de Holanda hasta las lozanas orquídeas de los bosques tropicales, Dios ha engalanado nuestro medio ambiente con esplendor y hermosura.

Desde la imponente grandeza de las cumbres de las montañas hasta la fabulosa abundancia de los ricos valles, el Señor ha puesto al hombre y a la mujer en medio de un mundo de abundancia.

Adán y Eva fueron creados y colocados en el huerto del Edén, en un paraíso de abundancia. Hechos a imagen de Dios, ellos estaban destinados para vivir y soñar con Dios, llevando a cabo Su plan divino en la tierra. Génesis 1:26-31

Entonces vino la tentación. Génesis 3:1-6 El hombre y la mujer pecaron y consecuentemente fueron echados de la presencia de Dios Génesis 3:22-24 para convertirse en esclavos de Satanás. Ellos perdieron el derecho que poseían a disfrutar de la buena vida.

Dios, en Su amor, jamás abandonó el sueño de tener cerca de El al hombre y a la mujer, a quienes había creado a Su imagen. Pero la justicia de Dios no le permitía mantener comunión con el pecado. Isaías 59:1-2

Su ley estaba establecida: *el alma que pecare, esa morirá* (Ezequiel 18:4,20) y no podía ceder en su cumplimiento. Todos los seres humanos han pecado y todos deben morir. Romanos 5:12

Pero, a fin de satisfacer las demandas de la justicia, alguien que fuera perfectamente inocente podría tomar el lugar de la humanidad culpable y morir como su sustituto. Una vez el castigo hubiera sido sufrido por un sustituto perfecto e inocente, el crimen de la persona culpable quedaría pagado y esa persona culpable quedaría justificada como si nunca hubiera cometido pecado. Romanos 5:1

Jesucristo, el Hijo de Dios, era perfecto. Jamás había pecado. El vino a este mundo y tomó sobre Sí mismo los pecados del mundo entero y sufrió cabalmente el castigo que merecíamos. Juan 1:29

De tal manera amó Dios al mundo, que ha dado a Su Hijo unigénito, para que todo ser humano que en él cree, no se pierda, mas tenga vida eterna. Juan 3:16

Lo único que se demandaría de usted para recibir la justificación total delante de Dios, sería creer con todo su corazón que Jesucristo murió en lugar suyo y responder a ese amor tan inmenso confesando lo que cree ante las demás personas. Romanos 10:9,10

Una vez comprenda las buenas nuevas de lo que Cristo hizo por usted y lo crea con su corazón y lo confiese a la otra gente, ocurrirá un milagro increíble: *Dios toma a Cristo, que no tiene pecado, y arroja sobre El sus pecados y, luego, para colmo de maravilla, le declara a usted justo; le justifica.* 2 Corintios 5:21 BV

Jesucristo vino a constituirse en el camino de regreso a Dios. El quitó para siempre, por medio de Su sacrificio, la condenación por los pecados y disolvió la barrera entre usted y Dios, de manera que usted es ahora bienvenido y puede regresar ante Su presencia donde otra vez puede participar de la buena vida. Hebreos 10:18-22

Los seres humanos están creados a imagen de Dios. Son una clase de seres especiales ante Dios. Por eso el ser humano jamás puede encontrar satisfacción sin Dios. La soledad, el dolor, la enfermedad, el sufrimiento, la pobreza, el fracaso, el odio y los asesinatos son evidencias de que la humanidad está desviada y perdida.

Los seres humanos buscan a Dios instintivamente. Anhelan tener una vida con significado. Sus vidas tienen un propósito divino y hasta que no descubran este propósito, vivirán en el vacío. Esta es una incertidumbre que les hace pesimistas.

Cuando el contraalmirante Richard Byrd perdió su punto de referencia geográfico en una noche de la antártica, una terrible sensación le invadió al ver que se había desviado de su ruta. Dijo más tarde: "Sabía que estaba perdido y me sentí enfermo hasta las entrañas".

Ni la apariencia de confianza puede esconder

la sensación que se experimenta cuando existe un vacío interno o vivimos la pérdida de dirección en la vida. Igual que el ciego que día tras día golpea con su bastón la acera, en busca del camino por donde caminar, la persona moderna va golpeando día a día, de evento en evento, en busca del camino correcto.

Jesucristo dijo: *Yo soy el camino.*[Juan 14:6]

El no es **un** camino. El es **el** camino, porque El tomó nuestro lugar y llevó el castigo que nuestros pecados merecían para que nada se interpusiera entre nosotros y Dios.[1 Pedro 2:24] Ahora podemos regresar al lugar en que nos corresponde estar: el huerto de Su abundancia, para el cual fuimos creados, y vivir la buena vida que Dios amorosamente quiere que tengamos.[Juan 10:10]

No quitará él el bien a quienes andan en integridad ante él.[Salmo 84:11]

Porque a la medida que lo conozcan mejor, El en su gran poder les dará lo que necesitan para llevar una vida verdaderamente buena. ¡El comparte con nosotros hasta su propia gloria y excelencia![2 Pedro 1:3 BV]

El temor, la incertidumbre, la culpa, la condenación y la inferioridad dejan de existir delante de Dios. Lo conocerá a El y tendrá comunión con El como un amigo que estará más cerca de usted que un miembro de su propia familia.[Efesios 2:18-19]

La enfermedad, el sufrimiento y los males dejarán de entremeterse en su vida, porque Jesucristo establecerá SU morada en su hogar.[Juan 14:23] Al manifestar Su vida en su cuerpo físico, El viene a ser su salud.[2 Corintios 4:10] Usted llega a ser propiedad de Dios.[1 Corintios 6:20] Su cuerpo no fue creado para las dolencias ni las enfermedades; es el templo del Espíritu Santo.1 Corintios 6:19

La pobreza y la privación material dejarán de ser su parte en la vida. Dios creó las riquezas y las puso en este planeta para la prosperidad de Sus hijos. La abundancia que El creó alrededor suyo es prueba de que El quiere que usted disfrute de la buena vida. El promete *suplir todo lo que le falte conforme a sus riquezas en Cristo Jesús.*Filipenses 4:19

Su palabra dice: *Yo deseo que tú seas prosperado en todas las cosas, y que tengas salud, así como prospera tu alma.*3 Juan 1:2

Cristo dice: *Mi propósito es dar vida en toda su abundancia.*Juan 10:10 BF, Versión de la Biblia en Francés

*Yo les traeré sanidad y medicina, y los curaré, y les revelaré abundancia de paz y de verdad; y les limpiaré de toda su maldad con que pecaron contra mí. Y temerán y temblarán de todo el bien y de toda la paz que le daré a mi pueblo.*Jeremías 33:6-9 BV

*El lugar de vergüenza y deshonra, gozarán doble porción de prosperidad y eterno gozo; todos reconocerán que son un pueblo bendecido por Dios.*Isaías 61:7,9 BV

Pedro dijo: *Si deseas una vida feliz y agradable ... calladamente encomiéndate a Cristo tu Señor, y está atento a responder amable y respetuosamente a cualquiera que te pregunte por qué tienes tal fe.*1 Pedro 3:10,15 BV

Este libro está inspirado por Dios para ayudarte a hacerlo.

La vida buena es la mina de oro que Dios tiene para usted, *aquí y ahora mismo.*

Dios **es** lo que El dice que es.

Usted **es** lo que El dice que es.

Dios **hará** lo que El dice que hará.

Usted **puede hacer** lo que El dice que puede hacer.

Dios **tiene** lo que El dice que tiene.

Usted **tiene** lo que El dice que tiene.

Capítulo 2

Por qué creo que la Biblia es verdad

A FIN DE VIVIR realmente la buena vida, su fe debe descansar en su total confianza en que la Biblia es la palabra inspirada de Dios. Yo quiero compartir con usted cinco motivos básicos por los cuales creo que la Biblia es verdad.

Los he escrito para la gente sencilla que quiere creer en la Biblia. Podría llenar volúmenes con información teológica, pero no lograría convencer a quien no quiera creer.

Cuando Cristo resucitó a Lázaro, algunos tramaron matar al Señor. Ni la resurrección de una persona pudo contrarrestar el prejuicio de esa gente y la naturaleza humana no ha cambiado; por eso expreso estos motivos para tener fe en la Biblia en forma sencilla y práctica. Están presentados con el fin de ayudarle a creer y a vivir la vida feliz que Dios ha planeado para usted.

Creo que la Biblia es verdad por su contenido y su armonía

Cuarenta personas diferentes que incluyen ganaderos, pastores, pescadores, políticos, príncipes, poetas, filósofos, estadistas, profetas, sacerdotes, publicanos y médicos que vivieron en diferentes períodos de tiempo que cubrieron casi dos milenios, escribieron 66 libros distintos sobre temas que incluyen historia, poesía, profecía, cartas, proverbios, parábolas, alegorías y oratoria.

Estos diversos escritores, con un trasfondo de variadas culturas y tradiciones, escribieron desde diferentes países separados por miles de kilómetros y que se extendían por dos continentes. No existen en su contenido ni discordias ni defectos ni incoherencia. A la vez, estos escritos contienen un sistema de doctrina, un plan de salvación, un orden ético, una regla de fe y una historia de amor y de redención.

Separados por miles de kilómetros y esparcidos por dos continentes, estos 40 autores humanos, tanto hombres como mujeres, escribieron desde Siria, Arabia, Italia, Grecia, el desierto de Sinaí, el desierto de Judea, las cuevas de las prisiones de Roma, la isla de Patmos, los palacios del Monte Sion y Susa, los ríos de Babilonia y las orillas del río Quebar. ¿Cómo fue posible que todos concurrieran en concebir tal unidad y cohesión de pensamientos?

¿Cómo podrían tantos escritores de tantas culturas y épocas diferentes haber concebido un engaño común? Trasciende a la razón, de modo que la lógica me hace confiar en sus escritos y creer que aquello que dijeron y los libros que nos dejaron fue en realidad inspirado por Dios para el bien de la humanidad.

La Biblia ha sido puesta a prueba por veinte siglos. La historia no presenta a ninguna persona ni sociedad que haya podido mejorarla. Absolutamente ninguna de las evidencias arqueológicas ha podido contradecirla, pero sí han avergonzado a quienes la han ridiculizado. Es por eso que mientras más la leo más la creo.

Los científicos que la han puesto en duda, no le han podido probar ningún error. Por el contrario, cada nuevo descubrimiento científico que se ha hecho, estaba evidenciado de antemano en la Biblia.

Los científicos han cometido innumerables errores. Por ejemplo, hasta hace unos cientos de años, creían que la tierra era plana. Tenemos que para el año 1890 un gran técnico decía: "El sentido común nos dice que si un vehículo que no fuera tirado por caballos viajara a 75 kilómetros por hora, el conductor del mismo no podría respirar". No hace mucho, aún se intentaba curar la alta presión sanguínea desangrando al paciente.

Mas la palabra del Señor permanece para siempre. Y esta es la palabra que por el evangelio nos ha sido anunciada. 1 Pedro 1:25

Creo que la Biblia es verdad por el testimonio de los mártires

Pueblos y gobiernos han tratado de terminar con la fe en Dios. Los cristianos han sido perseguidos sin misericordia, torturados despiadadamente; ejemplares de la Biblia han sido quemados, sus mensajeros han sido apedreados, han servido como alimento de animales salvajes, han sido hervidos en aceite; han matado a sus profetas y asesinado a sus seguidores. Hebreos 11:32-38; Apocalipsis 6:9

Pero esta *nube de testigos,* Hebreos 12:1-3 formada por hombres y mujeres que han muerto por el testimonio de Jesucristo, siempre se mantuvo fiel a Su principio de amor. Jamás ripostaron, jamás abrigaron la venganza, jamás pagaron el bien con el mal, jamás desearon desdichas para sus perseguidores. Vivieron y murieron en amor. *Teniendo en poco sus vidas, las pusieron a los pies del Cordero.* Apocalipsis 12:11 BV

Creyeron en las palabras de Cristo: *Amaos los unos a los otros; como yo os he amado.* Juan 13:34 *El siervo no es mayor que su señor.* Juan 13:16 Al morir por nosotros, Cristo nos estaba dando el mejor ejemplo de amor verdadero; quien ama de veras está dispuesto a dar la vida por los demás creyentes. 1 Juan 3:16 BV No hay amor más grande que el que se demuestra cuando una persona da la vida por sus amigos. Juan 15:13 BV

Cuando una multitud tan grande de personas ha puesto sus vidas en amor por el testimonio del evangelio, quedo impresionado. Es algo más que una causa política o religiosa. Tiene que ser algo que posee una realidad profunda.

Creo que la Biblia es verdad por la gente que me enseñó a creerla

Los cristianos de la comunidad donde vivíamos cuando crecía estaban entre los mejores ciudadanos.

No eran violadores ni pervertidos sexuales, alborotadores ni ladrones; no eran quienes no pagaban sus deudas ni eran deshonestos en sus negocios; no eran revoltosos ni destruían la propiedad ajena.

Eran personas pacíficas, buenas y amorosas; pilares de nuestra sociedad. Podía confiar en ellos; hubieran preferido morir antes que engañarme. Eran constructores no destructores;

buenos trabajadores y no vagos perezosos. Sus casas y vidas eran limpias, puras y amorosas.

No golpeaban, ni abusaban de sus compañeros o hijos. Sus familias oraban y trabajaban juntas. El amor gobernaba sus hogares. Todo eso me impresionaba.

Creían en la Biblia; vivían de acuerdo a sus sagrados principios, podía confiar en ellos. El fruto de sus vidas era lo que quería.

Creo que la Biblia es verdad por la vida de Jesucristo

Jesucristo fue un hombre bueno, amable y amoroso; un hombre de paz y buenas obras. El se preocupó por todas las personas sin importar su edad, posición social o económica, color, raza o sexo.

El abogó por los principios que son la piedra angular de las mejores y más libres sociedades de la historia. El jamás odió ni envidió. Jamás buscó vengarse ni juzgó a los demás. El amó, sanó y alentó.

El se identificó con la gente sin amigos. Amó a quienes menos merecían ser amados. Bendijo a la gente más indigna.

Sus reglas de vida fueron las más desafiantes jamás dadas por un líder en la historia humana.

El dijo: Trata a los demás como deseas que te traten a ti. Lucas 6:31 BV

Amad a vuestros enemigos, bendecid a quienes os maldicen, haced bien a quienes os aborrecen, y orad por quienes os ultrajan y os persiguen, para que seáis hijos e hijas de vuestro Padre que está en los cielos. Mateo 5:44-45

Cristo creyó en las Escrituras. El las citó reconociéndolas como la absoluta palabra de Dios. El vivió por ellas, las enseñó, las confirmó y las puso en acción. El fue bueno, honesto, sin engaños y sin mañas. Yo puedo confiar en El más que en cualquier otro líder o maestro.

Cuando El limpió al leproso, sanó al enfermo y resucitó al muerto, los incrédulos trataron de matarlo. Cuando los paralíticos caminaron, fue acusado de curar por el poder del diablo. Cuando ayudó a la gente necesitada, hicieron planes para destruirle. E inclusive hoy, en algunos lugares, quienes no creen en la Biblia, con frecuencia son vehementes, violentos e implacables contra la fe cristiana. Parecen odiar la fe sencilla y desean su destrucción, como si la influencia de paz, amor y sanidad de Cristo pudiera obstruir su influencia personal en la sociedad.

Finalmente, quienes se oponían y odiaban a Cristo dijeron tantas mentiras acerca del Señor y tramaron tantas veces destruirlo, que lograron la licencia para crucificarlo.

A través de todo el proceso cruel de Su juicio y de las acusaciones falsas en Su contra, El no ripostó, no fue áspero ni descortés con nadie. En el momento de Su muerte oró pidiendo perdón para ellos.[Lucas 23:24]

Pilato dijo: *Ningún delito hallo en este hombre.*[Lucas 23:4] Ciertamente El no tenía falta alguna. Era perfecto. Puedo confiar en El y en lo que dijo.

Cristo dijo a la gente: *Erráis, ignorando las Escrituras.*[Mateo 22:29] *Las Escrituras se cumplen.*[Marcos 14:49] *El les declaraba todas las Escrituras.*[Lucas 24:27] *El abrió* (a la gente) *las Escrituras para que las entendiesen.*[Lucas 24:32,45] El dijo: *Escudriñad las*

*Escrituras,*Juan 5:39 y preguntó a los maestros religiosos: *¿no habéis leído las Escrituras?*Marcos 12:10 Cuando El hizo milagros y enseñó dijo que era *para que las Escrituras se cumpliesen.*Juan 13:18; Juan 17:12; Juan 19:24,28,36

Noventa veces en el Nuevo Testamento hay amonestaciones para que creamos lo que está escrito porque es la palabra de Dios y se va a cumplir.

Jesús confirmó las Escrituras. Su nacimiento, vida, muerte y resurrección, así como Sus enseñanzas y milagros, fueron predichos en detalle cientos de años antes, en las Escrituras.

Todo lo que Cristo hizo confirmó que las Escrituras eran la palabra de Dios, las promesas de Dios, y que si alguien confiaba y se apoyaba en ellas, Dios las cumpliría. Ese es un buen motivo por el cual creer en la Biblia, especialmente cuando se evalúa comparativamente al lado de la confusión, las conclusiones cambiantes y las incertidumbres interminables de quienes rechazan la verdad de la Biblia.

El buen sentido común me inspira para confiar en Jesús, y para confiar en los cristianos firmes y fieles de todas las generaciones desde Jesucristo. La prudencia me hace creer en la Biblia.

Creo que la Biblia es verdad por lo que aconteció después de la crucifixión

Después de la muerte y resurrección de Cristo, la Biblia (versión Viviente) dice: *Repetidas veces se presentó en persona dándoles pruebas que estaba vivo, y que realmente era El a quien veían personalmente.*Hechos 1:3 BV

Ellos lo vieron, lo tocaron y hablaron con El. Lo vieron comer pescado y pan. Examinaron las cicatrices de Sus manos, pies y costado. Estas fueron experiencias personales que tuvieron con El después de Su resurrección. Juan 20:14,20; Juan 20:26-27; Juan 21:4-14; Lucas 24:13-15; Lucas 24:30-31; Lucas 24:36-46

Esteban lo vio. Hechos 7:54-60 Saulo de Tarso, el implacable perseguidor de los primeros cristianos, vio al Señor, Hechos 9:2-8; Hechos 26:13-15 y se constituyó en un seguidor de Jesucristo.

Cefas lo vio. Quinientas personas lo vieron a la misma vez. Santiago lo vio, al igual que todos los demás apóstoles. 1 Corintios 15:5-7

Sus vidas tenían la reputación de ser impecables en su honestidad y ser de carácter recto.

A lo largo de casi veinte siglos, un ejército incontable de testigos han dejado constancia de sus testimonios indicando que el Señor se les ha aparecido. Lo han visto vivo.

Se requerirían grandes volúmenes de libros para incluir todas las apariciones de Cristo a muchas personas, inclusive en este siglo.

Quisiera añadir mi propio testimonio al inmenso volumen de testigos. Vi al Señor, vivo. El entró en mi cuarto un día a las seis de la mañana y lo vi ante mí con tanta claridad como puedo ver a cualquier otra persona.

Desde esa experiencia, mi esposa y yo hemos viajado y proclamado el evangelio a multitudes que van de 20.000 hasta 300.000 personas en más de 70 naciones, por más de cinco décadas.

En casi cada una de nuestras cruzadas alguien, y frecuentemente muchas personas, han visto al Señor en medio nuestro siempre bendiciendo, salvando, sanando y ayudando a la gente.

Un musulmán en Indonesia lo vio aparecer en nuestra cruzada en Yakarta y vio la sangre brotando de Su cuerpo mientras colgaba en la cruz. Ese musulmán se convirtió en seguidor de Jesús.

Un hindú en la India lo vio en nuestra cruzada en Lucknow y sus ojos ciegos recobraron la vista.

Un hombre ciego en nuestra cruzada en Camagüey, Cuba, lo vio en una luz brillante y recuperó su vista.

En nuestra cruzada en Santiago de Chile, un famoso criminal de profesión lo vio a El y fue transformado en un fiel cristiano. Un padre de familia en Guatemala que golpeaba a sus hijos lo vio en nuestra cruzada y fue convertido. Y una mujer miserable y despreciada que moría de cáncer lo vio en esa misma cruzada y fue curada instantáneamente.

En Tailandia, más de cien budistas, a la vez, vieron al Señor Jesús por encima de la muchedumbre en la cruzada en ese país.

¿Podrían cien budistas mentir de haber visto a Cristo? La mayoría de ellos fueron convertidos esa noche.

Un agnóstico, hombre de negocios en Holanda, vio al Señor en nuestra cruzada en La Haya, y vino a ser un cristiano vibrante. El gitano cantante de clubes nocturnos en Francia lo vio en nuestra cruzada en Lille y llegó a ser predicador del evangelio.

Recientemente, en un programa de televisión, oí a un científico norteamericano testificar acerca de la experiencia que tuvo cuando vio al Señor a la diestra del trono de Dios (como Esteban testificó), Hechos 7:56 aceptó a Cristo y experimentó el nuevo nacimiento. Hizo un llamado a todos los científicos para que tuvieran fe en Dios.

Uno de los principales activistas de la insurrección comunista de Norteamérica se ha convertido a Jesucristo. Se había exilado voluntariamente durante siete años. Estando en el sur de Francia comenzó a preocuparse en cuanto a su vida personal y la de su pequeño hijo. Al mirar hacia los cielos, vio al Señor Jesucristo que apareció delante de él. Cayó de rodillas y allí nació de nuevo.

Creo que estos son motivos válidos para creer en la Biblia. Durante más de cinco décadas nosotros hemos sido testigos de los mismos milagros que Cristo realizó durante Su ministerio terrenal. Estos milagros prueban que *El es el mismo ayer, y hoy, y por los siglos.* Hebreos 13:8

En Jamaica vimos a 125 sordomudos restaurados y en una sola cruzada en el Japón 45 fueron sanados. En Kenya 62 personas ciegas recibieron la vista, más de 40 en Nigeria y 30 en Indonesia. En Puerto Rico 11 personas leprosas fueron sanadas, 14 en Africa y 8 en Suramérica.

Montones de muletas y abrazaderas fueron abandonadas en Nueva York, en Chile y en Colombia. Muchos tumores y cánceres fueron sanados en Trinidad, Costa Rica, Holanda y Francia. Alrededor del mundo y por más de cinco décadas hemos visto evidencias de que la Biblia es la verdad.

Creo en la Biblia por todo lo que ha acontecido desde la resurrección de Cristo. La Biblia es la palabra de Dios. Contiene la verdad.

Después de escribir los milagros hechos por Cristo, Juan dijo: *Hizo además Jesús otras señales en presencia de sus discípulos, las cuales no están escritas en este libro. Pero éstas se han escrito para que creáis que Jesús es el Cristo, el Hijo de Dios, y para que creyendo, tengáis vida en su nombre.* Juan 20:30-31

Cuando la multitud de enfermos y endemoniados fueron sanados por Cristo, la Biblia dice que aconteció *para que se cumpliese lo dicho por el profeta Isaías, cuando dijo: El mismo llevó nuestras enfermedades, y llevó nuestros dolores.* Mateo 8:17

Los milagros fueron la prueba de que las Escrituras eran verdad y todavía hoy son la evidencia; gracias a la radio, la prensa y la televisión, los milagros de este siglo son abundantemente conocidos.

Un notable científico dijo hace poco: "Todo lo que se consideraba absoluto en la ciencia se está desplomando. Sencillamente debemos regresar a Dios y a la Biblia. No existe otra respuesta apropiada para los asuntos fundamentales de la vida".

Capítulo 3

Hechos de la buena vida

CUANDO USTED DESCUBRA sus raíces en Dios y se identifique con el propósito que El tiene para usted en esta tierra, comenzará realmente a vivir *La Buena Vida.*

Es un estilo de vida basado en la fe positiva, el pensamiento positivo, palabras positivas y acciones positivas.

¿De dónde proviene esta fe positiva?

La fe es por el oír de la palabra de Dios. Romanos 10:17

Aquí le voy a presentar cincuenta y dos hechos que le llevarán de la mediocridad a una asociación fructífera con Dios. Son peldaños que le sacarán del complejo de culpa que le condena por vivir sin armonía con Dios, para llevarle a emocionantes éxitos y autoestima que se desarrollarán cuando usted descubra quién es usted y cómo puede acudir a Dios y participar de Su estilo de vida.

Usted descubrirá nuevo poder, nuevas metas y propósitos. Quedará transformado e irá de la derrota al éxito, de la enfermedad a la salud, del aburrimiento al entusiasmo, de los problemas a las soluciones, de las presiones a los placeres, de la pobreza a la prosperidad y de la desesperanza a la felicidad.

Usted recibirá bendiciones y su familia también se beneficiará.

La Biblia dice: *Las cosas viejas pasaron; he aquí todas son hechas nuevas.* 2 Corintios 5:17

Estos cincuenta y dos hechos le van a guiar a *La Buena Vida.* Luego se establecerán como escaños de ascenso en el pacto de abundancia de Dios: Su póliza de vida plena que le cubrirá a usted y a su casa.

Repáselos con frecuencia. Practíquelos en la oración. Memorícelos. Repítalos en los devocionales con la familia. Si permanece con ellos en su corazón y en sus labios, le mantendrán disfrutando *La Buena Vida.*

Cualquier persona que comience a andar en esta buena vida descubrirá, tarde o temprano, a un enemigo bien real. La Biblia le llama Satanás y lo menciona por lo menos 175 veces usando nombres tales como: *Lucifer,* Isaías 14:12-14 BV *el diablo,* Mateo 4:1; Efesios 6:11 *Satanás,* Apocalipsis 12:9 *el adversario,* 1 Pedro 5:8 *el dios de este mundo,* 2 Corintios 4:4 *el enemigo,* Mateo 13:39 *el tentador,* Mateo 4:3 *el malo,* Mateo 13:19 *el gobernador de las tinieblas,* Efesios 6:12 *el homicida,* Juan 8:44 y muchos otros nombres más.

Lo va a encontrar en la forma más sutil como *el acusador.* Apocalipsis 12:10

Así que, cuando esté desalentado o tentado a dudar de su experiencia con Dios, repita estos cincuenta y dos hechos de la buena vida.

Esa es la forma efectiva de *resistir al diablo,* y según Santiago, *de vosotros huirá.* Santiago 4:7

El apóstol Juan dijo: *Ellos han vencido* (a Satanás) *por la palabra de su testimonio.* Apocalipsis

12:11 Y Jesucristo venció cada tentación de Satanás diciendo: *Escrito está,*Mateo 4:4,7,10 y citando las Escrituras.

Cuando el acusador le tiente, repita estos hechos y confiese las Escrituras y acontecerá con usted como sucedió con Cristo: *El diablo entonces le dejó; y he aquí vinieron ángeles y le servían.*Mateo 4:11

Por lo tanto, aprenda estos hechos y estos versículos dados a continuación, y hágalos parte de su confesión y declaración de fe:

1. **Usted no tenía salvación, era inconverso, antes de recibir a Cristo.**

   *Porque todos los seres humanos han pecado, y están destituidos de la gloria de Dios.*Romanos 3:23

2. **Usted era culpable delante de Dios y bajo pena de muerte.**

   *La paga del pecado es muerte.*Romanos 6:23

3. **Pero Dios le amó demasiado para verle perecer.**

   *El no quiere que nadie perezca, sino que todo ser humano proceda al arrepentimiento.*2 Pedro 3:9

4. **Dios ofreció lo mejor que tenía a fin de mostrarle a usted Su amor.**

   *Porque de tal manera amó Dios al mundo, que ha dado a su Hijo unigénito, para que quienquiera que cree en él no se pierda, mas tenga vida eterna.*Juan 3:16

5. **Cristo fue la dádiva de Dios y El murió por usted.**

Mas Dios muestra su amor para con nosotros, en que siendo aún pecadores, Cristo murió por nosotros. Romanos 5:8

6. **Usted reconoce que sus pecados le separaban de Dios.**

   Vuestras iniquidades han hecho división entre vosotros y vuestro Dios, y vuestros pecados han hecho ocultar de vosotros su rostro. Isaías 59:2

7. **Al saber que sus pecados costaron la vida y la sangre del Hijo de Dios, usted se arrepiente de ellos.**

   Fuiste contristado para arrepentimiento; porque la tristeza que es según Dios produce arrepentimiento 2 Corintios 7:9-10 y sabes que *si no te arrepientes, perecerás.* Lucas 13:3

8. **Confiesa sus pecados a El y le son limpiados.**

   Si confesamos nuestros pecados, él es fiel y justo para perdonar nuestros pecados, y limpiarnos de toda maldad. 1 Juan 1:9

9. **Reconoce a Jesús en la puerta de su corazón; le abre y El entra.**

   He aquí, yo estoy a la puerta y llamo; si alguien oye mi voz y abre la puerta, entraré y cenaré con esa persona, Apocalipsis 3:20 (queriendo decir que compartirían y tendrían comunión juntos).

10. **Recibe a Jesucristo y se constituye en hijo o hija de Dios.**

    A todos quienes recibieron a Jesucristo, a quienes creen en su nombre, les dio potestad de ser hechos hijos e hijas de Dios. Juan 1:12

11. Usted es hecho una nueva criatura.

Quienquiera que esté en Cristo, nueva criatura es; las cosas viejas pasaron; he aquí todas son hechas nuevas. 2 Corintios 5:17

12. Sabe que ha nacido de nuevo, porque ha recibido a Jesucristo.

Jesús dijo: *Te es necesario nacer de nuevo* Juan 3:7 y si *recibiste a Jesucristo se te dio potestad de ser hecho hijo o hija de Dios,* Juan 1:12 *nacido no de sangre ni de voluntad de carne, ni de voluntad humana, sino de Dios,* Juan 1:13 *renacido por la palabra de Dios que vive para siempre.* 1 Pedro 1:23

13. Usted cree en el poderoso mensaje del evangelio que le salva.

El evangelio es poder de Dios para salvación a toda persona que cree. Romanos 1:16

14. Cree en el nombre de Jesucristo por lo que consta en los Evangelios.

Estas se han escrito para que creáis que Jesús es el Cristo, el Hijo de Dios, y para que creyendo tengáis vida en su nombre. Juan 20:31

15. Usted ha invocado el nombre de Jesús y es salvo o salva.

Quienquiera que invocare el nombre del Señor, será salvo. Romanos 10:13

16. Reconoce que Jesucristo es el único camino hasta Dios.

Yo soy el camino, y la verdad, y la vida; nadie viene al Padre, sino por mí, Juan 14:6 *porque hay* *un solo Dios, y un solo mediador entre Dios y los hombres, Jesucristo hombre*1 Timoteo 2:5

17. Usted sabe que no hay salvación por nadie más.

*En ningún otro hay salvación; porque no hay otro nombre bajo el cielo dado a los hombres, en quien podamos ser salvos.*Hechos 4:12

18. Deposita su fe en Jesús como su Salvador.

*Por gracia sois salvos por medio de la fe; y esto no de vosotros, pues es don de Dios; no por obras, para que nadie se glorie.*Efesios 2:8-9

19. Usted cree que El Señor viene a su vida.

*Habitaré y andaré entre ellos, y seré su Dios, y serán mi pueblo, y seré para vosotros por Padre, y vosotros me seréis hijos e hijas, dice el Señor Todopoderoso.*2 Corintios 6:16,18

20. Usted no confía en obras buenas o autojusticia para ser salvo.

Nuestras justicias como trapo de inmundicia.Isaías 64:6 Nuestra salvación no fue por obras, para que nadie se glorie.Efesios 2:9

21. Usted es salvo o salva sólo por la misericordia de Dios.

Nos salvó, no por obras de justicia que nosotros hubiéramos hecho, sino por su misericordia, por el lavamiento de la regeneración y por la renovación en el Espíritu Santo, el cual derramó en nosotros abundantemente por Jesucristo nuestro Salvador, para que justificados por su gracia, viniéramos a ser herede-

ros conforme a la esperanza de la vida eterna. Tito 3:5-7

22. Sabe que la muerte de Jesucristo le justifica delante de Dios.

Justificados, pues, por la fe, tenemos paz para con Dios por medio de nuestro Señor Jesucristo. Romanos 5:1

23. Sabe que Su sangre le redime de sus pecados para siempre.

Esto es mi sangre que por muchos es derramada para remisión. Mateo 26:28 *Siendo justificados en su sangre, por él seremos salvos de la ira.* Romanos 5:9

24. Sabe que ha sido limpiado de sus pecados.

Al que nos amó, y nos lavó de nuestros pecados con su sangre; Apocalipsis 1:5 *en quien tenemos redención por su sangre, el perdón de pecados.* Colosenses 1:14

25. Sabe que sus pecados han sido quitados y olvidados.

He aquí el Cordero de Dios, que quita el pecado del mundo. Juan 1:29 *Cuanto está lejos el oriente del occidente, hizo alejar de nosotros nuestras rebeliones* Salmo 103:12 *de manera que nunca más me acordaré de tus pecados y tus transgresiones.* Hebreos 10:17

26. Sabe que sus pecados fueron pagados por la muerte de Cristo.

Quien llevó él mismo nuestros pecados en su cuerpo sobre el madero, para que nosotros estando muertos a los pecados, vivamos a la *justicia.*1 Pedro 2:24 *El herido fue por nuestras rebeliones, molido por nuestros pecados; el castigo de nuestra paz fue sobre él.*Isaías 53:5

27. Habiendo sido sus pecados castigados y lavados, usted sabe que nunca más le condenarán.

*Ahora, pues, ninguna condenación hay para quienes están en Cristo Jesús.*Romanos 8:1 *Al que no conoció pecado, por nosotros* (Dios) *lo hizo pecado, para que nosotros fuésemos hechos justicia de Dios en Cristo* 2 Corintios 5:21 y *donde hay remisión, no hay más ofrenda por el pecado* Hebreos 10:18 de manera que ahora nada *nos separará del amor de Cristo.*Romanos 8:35

28. Usted sabe que cuando acepta a Cristo recibe Su vida.

*Quienes vienen al Hijo tienen la vida,*1 Juan 5:12 porque *quien oye mi palabra y cree al que me envió, tiene vida eterna; y no vendrá a condenación, mas ha pasado de muerte a vida.*Juan 5:24 *Y esta es la vida eterna: que te conozcan a ti, el único Dios verdadero, y a Jesucristo a quien has enviado.*Juan 17:3

29. Sabe que Satanás le acusará.

*El es el que acusa delante de nuestro Dios día y noche,*Apocalipsis 12:10 como lo hizo con Job.Job 1:6-12

30. Usted no ignora sus obras.

*Para que Satanás no gane ventaja alguna sobre vosotros; pues no ignoramos sus maquinaciones.*2 Corintios 2:11 Porque sabemos que él *viene para hurtar y matar y destruir.*Juan 10:10

31. Usted sabe cómo lo venció Cristo.

El respondió y dijo: Escrito está. Mateo 4:4,7,10 *El diablo entonces le dejó, y he aquí vinieron ángeles y le servían.* Mateo 4:11

32. Sabe que Jesucristo probó que Satanás no puede ganar.

Cristo fue tentado en todo según nuestra semejanza, pero sin pecado. Acerquémonos, pues, confiadamente al trono de la gracia para alcanzar misericordia y hallar gracia para el oportuno socorro. Hebreos 4:15-16

33. Sabe que El le ayuda fielmente en el momento de la tentación.

No os ha sobrevenido ninguna tentación que no sea humana, pero fiel es Dios, que no os dejará ser tentados más de lo que podéis resistir, sino que dará juntamente con la tentación la salida para que podáis soportar. 1 Corintios 10:13

34. Sabe que hay dos armas que Satanás nunca puede resistir.

Y ellos han vencido (al diablo que les acusaba delante de Dios día y noche) *por la sangre del Cordero y de la palabra del testimonio de ellos.* Apocalipsis 12:11

35. Sabe que Satanás no puede ganarle a su fe.

Sed sobrios, y velad; porque vuestro adversario el diablo, como león rugiente anda alrededor buscando a quien devorar; al cual resistid firmes en la fe. 1 Pedro 5:8-9 *Resistid al diablo, y huirá de vosotros. Acercaos a Dios, y él se acercará a vosotros.* Santiago 4:7-8 *A quien ha nacido de Dios, Aquel que fue engendrado por Dios lo guarda, y el maligno no lo toca.* 1 Juan 5:18

36. Sabe que su fe le da la victoria.

Pues todo lo que es nacido de Dios vence al mundo; y ésta es la victoria que ha vencido al mundo, vuestra fe. 1 Juan 5:4

37. Sabe que no debe amar al mundo sino amar la voluntad de Dios.

No améis al mundo, ni las cosas que están en el mundo. Si alguien ama al mundo, el amor del Padre no está en esa persona. Porque todo lo que hay en el mundo, la pasión de la carne, la codicia de los ojos, y la soberbia de la vida, no provienen del Padre, sino del mundo. Y el mundo pasa, y también sus pasiones, pero quien hace la voluntad de Dios permanece para siempre. 1 Juan 2:15-17 BA - Versión Biblia de las Américas

38. Sabe que Cristo vino para derrotar a su enemigo.

Para esto apareció el hijo de Dios, para deshacer las obras del diablo. 1 Juan 3:8

39. Sabe que Cristo en usted es mucho más poderoso que Satanás.

Cristo en vosotros, la esperanza de gloria. Colosenses 1:27 *Habitaré y andaré en vosotros, dice el Señor Todopoderoso.* 2 Corintios 6:16,18 *Hijitos, vosotros sois de Dios y habéis vencido, porque mayor es el que está en vosotros, que el que está en el mundo.* 1 Juan 4:4

40. Sabe que el Señor Jesucristo es la fuente de su nueva vida.

Con Cristo estoy juntamente crucificado, y ya no vivo yo, mas Cristo vive en mí; y lo que ahora vivo en la carne, lo vivo en la fe del Hijo de Dios, el cual me amó y se entregó a sí mismo por mí. Gálatas 2:20

41. Sabe que su nueva vida tiene propósitos divinos.

Los pasos de la gente buena son guardados por el Señor; él se deleita en cada paso que dan. Si caen, no es para muerte, porque el Señor los sostiene con su mano. Salmo 37:23-24 BV

42. Sabe que Dios lo ve y lo oye.

Porque los ojos del Señor están sobre quienes son justos, y sus oídos atentos a sus oraciones. 1 Pedro 3:12

43. Sabe que El lo invita a invocarle.

Clama a mí, y yo te responderé. Jeremías 33:3 *Pedid y se os dará; buscad, y hallaréis; llamad, y se os abrirá. Porque toda persona que pide, recibe.* Lucas 11:9-10

44. Sabe que cuando ora El le contesta.

Todo lo que pidiereis orando, creed que lo recibiréis, y os vendrá. Marcos 11:24 *Y todo lo que pidiereis en mi nombre, lo haré, para que el Padre sea glorificado en el Hijo.* Juan 14:13

45. Sabe que pertenece a la familia de Dios de linaje real.

Vosotros sois linaje escogido, real sacerdocio,

nación santa, pueblo adquirido por Dios, para que anunciéis las virtudes de aquel que os llamó de las tinieblas a su luz admirable. 1 Pedro 2:9

46. Sabe que ahora le pertenece todo lo que Cristo tiene.

Porque los seres humanos que se dejan conducir por el Espíritu de Dios son hijos de Dios. No debemos actuar como esclavos serviles y cobardes, sino como verdaderos hijos de Dios, como miembros adoptivos de su familia que pueden llamarlo: "Padre", "Padre". Porque el Espíritu Santo nos habla a lo más profundo del alma y nos asegura que somos hijos de Dios. Y como somos hijos de Dios, compartimos sus riquezas, pues todo lo que Dios le da a Jesucristo es ahora también vuestro. Romanos 8:14-17 BV

47. Sabe que ahora tiene Su vida en su carne.

Para que también la vida de Jesús se manifieste en vuestra carne mortal, 2 Corintios 4:11 *porque vuestro cuerpo es templo del Espíritu Santo.* 1 Corintios 6:19; 3:16-17

48. Sabe que nunca más necesitará vivir con escasez.

Mi Dios, pues, suplirá todo lo que os falta conforme a sus riquezas en gloria en Cristo Jesús, Filipenses 4:19 *porque no quitará el bien a quienes andan en integridad.* Salmo 84:11

49. Deja de temer a las enfermedades y a las plagas.

No te sobrevendrá mal, ni plaga tocará tu

*morada,*Salmo 91:10 *porque yo soy Jehová tu sanador.*Exodo 15:26 *Cristo tomó nuestras enfermedades, y llevó nuestras dolencias* Mateo 8:17 *y por sus heridas fuimos nosotros sanados.*Isaías 53:5; 1 Pedro 2:24

50. Deja de estar oprimido por los problemas.

*Echando toda vuestra ansiedad sobre él, porque él tiene cuidado de vosotros.*1 Pedro 5:7

51. Sabe que es una persona triunfadora.

*Si Dios es por nosotros, ¿quién contra nosotros?*Romanos 8:31 Antes en todas estas cosas somos más que vencedores por medio de aquel que nos amó.Romanos 8:37 *El que comenzó en vosotros la buena obra, la perfeccionará hasta el día de Jesucristo.*Filipenses 1:6 *Fiel es el que os llama, el cual también lo hará.*1 Tesalonicenses 5:24

52. Sabe que Cristo está con usted hasta el fin.

*Porque él dijo: No te desampararé, ni te dejaré, puedes decir confiadamente: El Señor es mi ayudador; no temeré lo que nadie me pueda hacer.*Hebreos 13:5-6 *Y he aquí yo estoy contigo todos los días, hasta el fin del mundo.*Mateo 28:20

2ª PARTE

EL NUEVO ESTILO DE VIDA

LA GENTE Y EL DIABLO tratarán de desalentarle, pero usted y Dios juntos son capaces de obrar maravillas.

Aprendí que mientras yo estoy hablando, Dios no interrumpirá. Descubrí que Dios no necesita intérprete. El es el comunicador por excelencia.

Sólo dos cosas son esenciales en la vida: 1) lo que usted cree, y 2) lo que hace como resultado de lo que cree.

El hombre en la hambruna rusa y el minero de oro de Australia revelan los secretos verdaderos de cómo vivir la vida feliz, exitosa y vibrante.

Capítulo 4

Tres hábitos para la buena vida

QUE MARAVILLOSO ES saber que usted está bien con Dios. Su cuenta está saldada. Ningún pecado que haya cometido habrá de volver a condenarle. Romanos 8:1 Usted ha venido a Cristo y lo ha aceptado a El. Juan 6:37; Juan 1:12 Ha confesado a El sus pecados y ha confiado en Su sangre para que le limpie. 1 Juan 1:9 El ha oído sus oraciones y ha venido a morar en su hogar. Juan 14:23

Jamás permita a Satanás hacerle dudar de su salvación. Usted hizo su parte. Cristo ha hecho Su parte. Cuando moría en la cruz, Cristo dijo de su salvación: *Consumada es.* Juan 19:30

Le voy a dar una fórmula para ayudarle a vivir una vida cristiana feliz y exitosa; tres cosas que debe hacer todos los días de su vida.

Si las hace consistentemente, crecerá más, será más fuerte y siempre tendrá valentía en su vida. Siempre será un cristiano o una cristiana con felicidad, éxitos y entusiasmo. Colosenses 1:10:14; 2 Pedro 3:18

Es fácil formar estos tres hábitos cristianos. Se constituirán en parte tan natural de su vida como peinarse el cabello, vestirse o comer.

Gradualmente llegarán a ser parte integral de su diario vivir.[Efesios 4:13:15] Pero debe estar en disposición de hacer cambios o ajustes a su estilo de vida[Efesios 4:22-32; Efesios 5:1-2; Colosenses 3:12-17] Para luego estar resuelto a practicarlos como un buen atleta disciplina su cuerpo con ejercicios físicos para alcanzar metas cada vez más elevadas.

A fin de aprender cómo servir a Dios y realmente vivir *la buena vida*, he aquí los tres hábitos que debe desarrollar:

Primero: Hable con Dios cada día.

Segundo: Deje que Dios le hable cada día.

Tercero: Hable a alguien de Dios cada día.

Son sencillos, básicos y fáciles de recordar.

En los próximos tres capítulos, le mostraré lo valiosos que estos tres hábitos le van a ser.

Capítulo 5

Cuando Dios le escucha

HABLE CON DIOS cada día. Eso es orar.

Cuando usted recibió a Cristo, se constituyó en parte de la familia de Dios, en uno o una de los Suyos. Ahora puede llamar *Padre* a Dios, y El puede llamarle hijo o hija. 2 Corintios 6:18; Gálatas 4:6-7

El quiere compartir el tiempo con usted, como todo buen padre desea hacerlo con sus hijos. 1 Corintios 1:9; 1 Juan 1:3

La oración es ese tiempo íntimo que se pasa con el Padre, quien siempre está esperando esos momentos preciosos de comunión con usted. 1 Pedro 3:12

Amo al Señor, porque El escucha mis plegarias y las contesta. Porque se inclina y escucha, oraré a El mientras tenga aliento. Salmo 116:1-2 BV

El siempre está pensando en usted y *siempre cuida de usted.* 1 Pedro 5:7 BV

No hay nada místico ni difícil en la oración. Dios es su Padre. Usted es Su hijo o hija. El le invita a orar y promete contestarle. Así que, cada vez que ora, acepta Su invitación amorosa de acudir a El y charlar con El. En El tiene a su mejor Amigo.

*Clama a mí, y yo te responderé.*Jeremías 33:3 *Pedid, y se os dará; porque toda persona que pide, recibe.*Lucas 11:9-10

*Sean conocidas vuestras peticiones delante de Dios en toda oración y ruego, con acción de gracias.*Filipenses 4:6

*Porque no tenemos un sumo sacerdote que no pueda compadecerse de nuestras debilidades, sino uno que fue tentado en todo según nuestra semejanza, pero sin pecado. Acerquémonos, pues, confiadamente al trono de su gracia para alcanzar misericordia y hallar gracia para el oportuno socorro.*Hebreos 4:15-16

Do modo que hable con su Padre cada día. Encuentre una hora factible y un lugar tranquilo y conveniente donde no le interrumpan. Cristo se levantaba temprano en la mañana para orar.Marcos 1:35 Antes de ir a la cama también es una buena hora para orar.Salmo 55:17

Cuando era muchacho, en la granja, oraba en el granero, junto al arroyo, entre los árboles y en los cultivos.

Desde que mi esposa y yo nos casamos, hemos comenzado nuestro día levantándonos a las seis de la mañana. Dedicamos nuestras primeras dos horas a orar, estudiar la Biblia y hacer ejercicios físicos. Yo le puedo decir que vale la pena orar.

Hay un dicho que va así: “La familia que ora unida, permanece unida”. Cuando usted aprende a decirle las cosas a su Señor, a hablarle de sus problemas, necesidades y deseos, El siempre tiene la respuesta, la solución y el remedio. Se sorprenderá de cómo experimentará felicidad y éxito al orar todos los días.Salmo 91:15 No hay sustituto para este tiempo regular de comunión con su Padre.

Puede que piense que no puede orar, o quizás se avergüence por no saber qué decir. Déjeme asegurarle que usted no necesita aprender ni decir frases tradicionales ni seguir un ritualismo especial.

Empiece saludándole.

Dígale por qué lo ama. Recuente lo que El hizo por usted en la cruz. Dele gracias por cada acto como su sustituto. Dígale lo que significa para usted que Jesús haya ido a la cruz y que El sufriera en su lugar. Hable de Sus padecimientos, Su muerte, sepultura y resurrección. Recuéntelo en Su presencia e identifíquese con lo que El hizo. Luego dele gracias.

Se encontrará adorándole al pensar Su sangre que le lava de todo pecado y Su resurrección para su justificación.

Sencillamente, háblele sobre todas esas cosas.

Alabe Su nombre en oración y adoración.

Puede leer algunas porciones de las Escrituras y expresarle agradecimiento por lo que le dicen. Dele gracias por lo que El ha hecho, por lo que está haciendo ahora mismo y por lo que hará mientras usted confíe en El.

Quizás quiera confesarle algún error que haya cometido, alguna tentación a la que se rindió, algo que dijo que hirió a alguien, algo que hizo con lo que ofendió, algo que dijo que trajo desgracia o vergüenza a la causa de Cristo y algún pensamiento o hecho que no fue agradable al Señor.

Quien encubre sus pecados no prosperará;

mas quien los confiesa y se aparta (de ellos) *alcanzará misericordia.* Proverbios 28:13

Si decimos que no tenemos pecado, nos engañamos a nosotros mismos, y la verdad no está en nosotros. Si confesamos nuestros pecados, él es fiel y justo para perdonar nuestros pecados, y limpiarnos de toda maldad. 1 Juan 1:8-9

Dígaselo todo a El. No le esconda nada.

Entonces dele gracias por la sangre de Cristo que le limpia y pida el poder del Espíritu Santo en su vida para ayudarle a vencer la tentación. Hable con El como un pequeño hijo habla con uno de sus padres o como hablaría con un amigo íntimo. Confíe en que El le ama.

Puede hablarle de su familia y de cada necesidad en particular. Puede orar por otras personas, por sus amistades y vecinos que tengan necesidad espiritual, física o material.

Cada cual interésese no sólo en lo suyo, sino también en lo de la demás gente. Filipenses 2:4

Hable con Dios acerca de sus amistades y seres amados que necesitan ser salvos o salvas. Ore por estas personas.

Si hace eso todos los días, no demorará mucho tiempo para que, cada vez que se enfrente con un problema o una crisis, sentirá la necesidad de este auxilio. Tomará tiempo para decírselo y descubrirá que El contesta sus oraciones, resuelve sus problemas, suple sus necesidades, sana sus enfermedades, derrota a su enemigo y le bendice más y más.

Aprenda a hablar con El como hablaría a su mejor amigo.

Usted no necesita estar en ningún lugar específico ni en ninguna posición en particular para orar. Si no puede encontrar un lugar donde estar a solas, no tiene que orar en voz alta. Puede orar mientras viaja o trabaja. Lo importante es que ore.

No dependa de frases usadas ni se limite con oraciones escritas. Es mejor orar de su propio corazón. El evangelio de Mateo tiene unas lecciones importantes acerca de la oración, incluyendo el Padre Nuestro. Mateo 6:5-15

Hay ocasiones en las que se debe unir con otros creyentes para orar juntos. Mateo 18:19-20 Se dice de los primeros cristianos que *todos perseveraban unánimes en oración y ruego.* Hechos 1:14; Hechos 2:42-47; Hechos 4:24

Desarrolle el hábito de orar cada día, en alguna forma, a alguna hora y en algún lugar. No sólo diga palabras. Una buena práctica es pedir únicamente aquellas cosas que espera recibir. Dios desea contestar sus oraciones.

Y esta es la confianza que tenemos en él, que si pedimos alguna cosa conforme a su voluntad (Su palabra o sus promesas están escritas para que podamos conocer Su voluntad) *él nos oye. Y si sabemos que él nos oye en cualquier cosa que le pidamos, sabemos que tenemos las peticiones que le hayamos hecho.* 1 Juan 5:14-15

Va a encontrar obstáculos en sus oraciones. La gente y el diablo van a tratar de desalentarle. Pero, cuando ore, crea que recibirá lo que pide y le vendrá. Marcos 11:24

Reclame la contestación y *pelee la buena batalla de la fe.* 1 Timoteo 6:12 Crea que recibirá la contestación debido a: 1) las promesas de Dios, 2) el poder del nombre de Jesucristo y 3) el poder del Espíritu Santo. Usted y Dios juntos pueden obrar maravillas. Usted y Dios componen una mayoría sobre el diablo. *Si puede creer, a quien cree todo le es posible.* Marcos 9:23

Descubra la emoción de poner a prueba la palabra de Dios y de verla cumplirse.

Practique hablar con Dios todos los días.

Capítulo 6

Cómo le habla Dios

DEJE QUE DIOS LE HABLE cada día. Eso es lo que ocurre cuando lee la Biblia. Cuando usted abre la Biblia y la lee, está oyendo a Dios hablar.

La oración y la lectura de la Biblia siempre deben ir juntas. Una no está completa sin la otra. Cuando usted lee la Biblia, Dios le habla. No hay verdadera comunión ni comunicación a menos que tanto Dios como usted participen en la conversación.

Muchos años atrás, cuando mi esposa y yo estábamos recién casados, pastoreábamos una iglesia. Siempre dedicábamos dos o tres horas a la oración cada día. Con frecuencia orábamos en el sótano de la casa.

Dios usó a un cristiano mayor de edad para ayudarnos a aprender muchas lecciones. El nos visitó ocasionalmente para compartir algún pensamiento acerca de un versículo bíblico. Nos dio consejos muy valiosos para una joven pareja de ministros.

Un día fue a visitarnos mientras yo oraba. Mi esposa Daisy no me quiso interrumpir, de modo que esperó por un rato y luego se marchó. Volvió al día siguiente. De nuevo yo estaba orando en el sótano. Podía oírme. Aquello se repitió el tercer día.

Finalmente, dejó un mensaje con Daisy: "Dígale al Pastor Osborn que Dios es muy gentil. Mientras él esté hablando, Dios no lo va a interrumpir". Entendí lo que me decía y aprendí una lección de vital importancia en cuanto a la comunión con Dios.

Deje que Dios le hable diariamente. Lea Su palabra.

La oración es una conversación recíproca. Usted le habla a El y luego escucha mientras El le habla a usted.

Cristo dijo: No sólo de pan vivirá el ser humano, sino de toda palabra que sale de la boca de Dios. (Mateo 4:4)

La palabra de Dios es su alimento espiritual.

1. Lea la Biblia porque es alimento para su alma.

Job dijo: *He estimado las palabras de su boca más que mi comida.* Job 23:12

Desead, como niños recién nacidos, la leche espiritual no adulterada, para que por ella crezcáis. 1 Pedro 2:2

Usted nutre su cuerpo físico con alimentos materiales varias veces al día. Nutra su alma con alimento espiritual por lo menos una vez cada día.

Fueron halladas tus palabras, y yo las comí; y tu palabra me fue por gozo y por alegría de mi corazón. Jeremías 15:16

La ley del Señor es perfecta, que convierte el alma; el testimonio del Señor es fiel, que alegra el corazón. El precepto del Señor es puro, que alum-

*bra los ojos. Deseables son más que el oro y más que miel, y que la que destila del panal.*Salmo 19:7-10 Así que, permita a Dios hablarle todos los días, por medio de la lectura de Su palabra. Acepte lo que dice. Dios dice lo que dice. El es el Comunicador por excelencia.

El Nuevo Testamento fue escrito originalmente en griego común y no en el clásico, de manera que la gente sencillaMarcos 12:37 pudiera entender su importante mensaje.

2. Lea la Biblia porque es guía para sus pies.

*Tu palabra es una lámpara a mis pies y una luz en mi camino.*Salmo 119:105 DHH - Versión Popular Dios Habla Hoy *El precepto de Jehová es puro, que alumbra los ojos.*Salmo 19:8

*La exposición de tus palabras alumbra; hace entender a los simples.*Salmo 119:130

*Porque el mandamiento es lámpara, y la enseñanza es luz. Y camino de vida las reprensiones que te instruyen.*Proverbios 6:23

3. Lea la Biblia porque es su arma espiritual.

*Tomad la espada del Espíritu, que es la palabra de Dios.*Efesios 6:17 *Porque la palabra de Dios es viva y eficaz, y más cortante que toda espada de dos filos.*Hebreos 4:12

*Por tanto, pondréis estas mis palabras en vuestro corazón y en vuestra alma, y las ataréis como señal en vuestra mano, y serán por frontales entre vuestros ojos.*Deuteronomio 11:18

4. Lea la Biblia porque tiene poder purificador.

*¿Con qué limpiará el joven su camino? Con guardar tu palabra.*Salmo 119:9

Ya vosotros estáis limpios, dijo Cristo, *por la palabra que os he hablado.*Juan 15:3 *Santifícalos en tu verdad, tu palabra es verdad.*Juan 17:17

5. Lea la Biblia porque tiene poder para convertir.

La ley del Señor es perfecta, que convierte el alma. Salmo 19:7

Siendo renacidos, no de simiente corruptible, sino de incorruptible, por la palabra de Dios que vive y permanece para siempre. 1 Pedro 1:23

Porque no me avergüenzo del evangelio, porque es poder de Dios para salvación a toda persona que cree. Romanos 1:16

Las sagradas Escrituras te pueden hacer sabio para la salvación por la fe que es en Cristo Jesús. 2 Timoteo 3:15

6. Lea la Biblia porque tiene poder curativo.

Envió su palabra y los sanó, y los libró de su ruina. Salmo 107:20

Aconteció un día, que Cristo estaba enseñando, el poder del Señor estaba con El para sanar. Lucas 5:17

Con la palabra Cristo echó fuera los demonios, y sanó a todos los enfermos. Maateo 8:16

7. Lea la Biblia porque es sumamente beneficiosa.

Pondréis mis palabras en vuestro corazón. Las enseñaréis a vuestros hijos, hablando de ella cuando te sientes en tu casa, cuando andes por el camino, cuando te acuestes, y cuando te levantes. Las escribirás en los postes de tu casa, y en tus puertas. Deuteronomio 11:18-20

Toda la Escritura es inspirada por Dios, y útil para enseñar, para redargüir, para corregir, para instruir en justicia, a fin de que el pueblo de Dios sea perfecto, enteramente preparado para toda buena obra. 2 Timoteo 3:16-17

8. Lea la Biblia porque trae gozo al corazón.

Los mandamientos del Señor son rectos, que alegran el corazón. Salmo 19:8

Que la palabra de Cristo habite ricamente en ustedes, mientras se enseñan y se aconsejan unos a otros con toda sabiduría, y cantan salmos, himnos y cánticos espirituales, dando gracias a Dios en sus corazones. Colosenses 3:16 NVI - Nueva Versión Internacional

9. Lea la Biblia para que le guarde del error y del pecado.
   Erráis, ignorando las Escrituras. Mateo 22:29

   He guardado tus palabras en mi corazón para no pecar contra ti. Salmo 119:11 DHH - Versión Popular Dios Habla Hoy

10. Lea la Biblia porque se nos dice que lo hagamos.
    Y tendrás el libro contigo, y leerás de él todos los días de tu vida, para que aprendas a temer al Señor tu Dios, para guardar todas las palabras de esta ley y estos estatutos, para ponerlos por obra. Deuteronomio 17:19

    Consulten el libro del Señor y lean: Nada de lo que dice faltará. Isaías 34:16 DHH - Versión Popular Dios Habla Hoy

    Escudriñad las Escrituras: ellas dan testimonio de mí. Juan 5:39

    Procura con diligencia presentarte a Dios aprobado, como obrero que no tiene de que avergonzarse, que usa bien la palabra de Dios. 2 Timoteo 2:15

11. Lea la Biblia porque permanece para siempre.
    Para siempre, oh Señor, permanece tu palabra en los cielos. Salmo 119:89

    Hace mucho que he entendido tus testimonios, que para siempre los has establecido. Salmo 119:152

La hierba se seca, y la flor se marchita, mas la palabra del Dios nuestro permanece para siempre. Isaías 40:8

Porque de cierto os digo que hasta que pasen el cielo y la tierra, ni una jota ni una tilde pasará de la ley hasta que todo se haya cumplido. Mateo 5:18

Mas la palabra del Señor permanece para siempre. 1 Pedro 1:25

Juan tuvo una visión. En ella vio a alguien que *se llamaba Fiel y Verdadero. Iba vestido con ropa teñida de sangre, y su nombre era: La Palabra de Dios.* Apocalipsis 19:11,13 DHH - Versión Popular Dios Habla Hoy

Así que lea la Biblia todos los días y deje que Dios le hable por medio de ella.

Cristo dijo: Y el cielo y la tierra pasarán, pero mis palabras no pasarán. Mateo 24:35

Balaam dijo: *Dios no es hombre para que mienta, ni hijo de hombre para que se arrepienta. El dijo, ¿y no hará? Habló, ¿y no lo ejecutará?* Números 23:19

Salomón dijo: *Ninguna palabra de todas sus promesas ha faltado.* 1 Reyes 8:56

David dijo: *Para siempre, oh Jehová, permanece tu palabra en los cielos.* Salmo 119:89

Dios dijo a Jeremías: *Yo apresuro mi palabra para ponerla por obra.* Jeremías 1:12

Dios dijo a Isaías: *Así será mi palabra que sale de mi boca; no volverá a mí vacía, sino que hará lo que quiero, y será prosperada en aquello para que la envié.* Isaías 55:11

Dios dijo a Ezequiel: *Porque yo Jehová hablaré, y se cumplirá la palabra que yo hablé.* Ezequiel 12:25

Capítulo 7

Cómo compartir las buenas nuevas

HABLE A ALGUIEN de Dios cada día. Eso es testificar de Cristo a otras personas.

La Biblia dice: *Palabra fiel y digna de ser recibida por toda persona: que Cristo Jesús vino al mundo a salvar a los pecadores.* 1 Timoteo 1:15

El Hijo del Hombre vino a buscar y a salvar lo que se había perdido. Lucas 19:10

Jesús vino a salvar a los pecadores. Esa fue Su misión.

Primero y último, Jesús fue un ganador de almas: el más grande de todos los ganadores de almas que el mundo haya conocido.

El primer grupo que El llamó para que le siguiera, recibió este desafío: *Venid en pos de mí, y haré que seáis pescadores de seres humanos.* Marcos 1:17

El último grupo que le siguió hasta el lugar de Su ascensión recibió este mandamiento: *Vayan, pues, a las gentes de todas las naciones, y háganlas mis discípulos.* Mateo 28:19 DHH - Versión Popular Dios Habla Hoy

Ante todo, Jesús fue un ganador de almas.

Por eso vino *a salvar a los pecadores*. Para ese fin vivió, murió, y resucitó. El motivo de enviar al Espíritu Santo a Sus seguidores fue para hacerles ganadores eficaces de almas.

Y El dijo a Sus seguidores: *Como me envió el Padre, así también yo os envío.*Juan 20:21 *Y habiendo dicho esto, sopló y les dijo: Recibid el Espíritu Santo.*Juan 20:22 ¿Con que finalidad? *Recibiréis poder, cuando haya venido sobre vosotros el Espíritu Santo, y me seréis testigos.*Hechos 1:8

La misión, el ministerio, de todo creyente es: llevar las buenas nuevas a la demás gente.

Pablo dijo: *Las mismas Buenas Nuevas que escucharon ustedes se proclaman en todo el mundo, y miles de vidas están siendo transformadas de la misma manera que las de ustedes se han transformado desde el día en que escucharon la gracia de Dios que se extiende a los pecadores.*Colosenses 1:6 BV *También habló del gran amor hacia los demás que el Espíritu Santo ha puesto en ustedes.*Colosenses 1:8 BV Luego añadió: *Por eso, dondequiera que vamos, hablamos de Cristo lo mejor que podemos* (porque) *esa es mi tarea y puedo realizarla porque la potente energía de Cristo actúa con poder en mí.*Colosenses 1:28-29 BV

La Biblia dice de los primeros cristianos: *Todos los días, en el templo y por las casas, no cesaban de enseñar y predicar a Jesucristo,*Hechos 5:42 *y crecía la palabra del Señor, y el número de los discípulos se multiplicaba grandemente.*Hechos 6:7

La buena vida involucra dos principios básicos.

1. Su fe.

2. Su ministerio.

Primero: Lo que usted cree.

Segundo: Lo que hace como resultado de lo que cree.

Usted es salvo para salvar a otras personas.

Porque con el corazón se cree para justicia, pero con la boca se confiesa para salvación. Romanos 10:10

Si usted cree en el Señor Jesucristo, va a querer hablar de El a otras personas. Eso es testificar.

Su fe es lo que usted cree.

Su ministerio es lo que usted dice y hace en cuanto a lo que cree.

¿Ha hecho Jesucristo algo tan bueno por usted que no lo puede mantener callado?

En los días bíblicos, la gente se encontraba siempre tan agradecida por lo que el Señor hacía, que anhelaban decirlo a toda persona que les oyera.

¿Se ha detenido a pensar alguna vez que la palabra cristiano, significa: ser igual a Cristo?

Puesto que Cristo vino a salvar a los pecadores, a buscar a los perdidos para hacerlos iguales que El, para ser cristianos, entonces, los cristianos son ganadores de almas. Si Cristo ha nacido en nosotros, El hará, a través nuestro, las mismas cosas que El hizo cuando caminó aquí en la tierra.

Sin embargo, miles de personas que dicen ser cristianos, jamás han conocido el gozo de dejar a Cristo ganar a un alma por medio de ellos. Muchos predicadores y pastores nunca han ganado un alma para Cristo.

Jesucristo llevó su mensaje a los pecadores en los mercados, en las esquinas de las calles, junto a las montañas, en las costas y en sus hogares.

A El lo acusaron dicieído: *Este a los pecadores recibe, y con ellos come.*Lucas 15:2

El se mezcló con los pecadores, les testificó, los convenció y los ganó. El no actuaba como alguien "más santo que tú", desconectado de la problemática humana, un superespiritual ni un proclamador de Su propia justicia. El caminó con pecadores; ellos fueron el motivo por el cual vino a este mundo.

De igual forma debe ser cada cristiano. Ser igual a Cristo significa ser ganador de almas. Su propósito es nuestro propósito; Su misión es nuestra misión; Su plan es nuestro plan. El vino a salvar pecadores y nosotros estamos llamados a ser iguales a El. Estamos aquí, en este mundo, para el mismo propósito.

El dijo: *Para esto he venido al mundo, para dar testimonio de la verdad.*Juan 18:37 Con ese fin estamos nosotros en el mundo: para llevar el testimonio del evangelio a la demás gente que no conoce a Jesucristo como Salvador y Señor.

El ordenó: *Vé por los caminos y por los vallados, y fuérzalos a entrar, para que se llene mi casa.*Lucas 14:23

Eso es exactamente lo que todos Sus seguidores hicieron.

Después de Su ascensión, Sus primeros seguidores actuaron igual que El. Cada uno de ellos se mantuvo ocupado testificando. Cada creyente era un testigo. Se mantuvieron activos yendo por los mercados, las calles, las casas y por los pozos públicos, razonando, testificando, convenciendo, predicando, ganando almas, persuadiendo a los pecadores para que creyeran en el evangelio, como Jesús lo había hecho.Hechos 5:42

De hecho, ellos hicieron a la gente recordar tanto a Cristo que sus críticos, quizás con un tono de desprecio en sus voces y sarcásticamente les llamaron cristianos.Hechos 11:26 Fueron considerados fanáticos porque actuaban como Cristo en su testimonio a los demás.Hechos 8:4

Cristo *tuvo compasión de la gente*,Mateo 9:36 cuando la vio sin fe y sin esperanza. Cuando nosotros somos iguales a Cristo, tenemos esa misma compasión.2 Corintios 5:14 Sencillamente, no podemos permanecer tranquilos sin decir lo que Cristo ha hecho por nosotros. Como Pablo dijo: *Dondequiera que vamos hablamos de Cristo lo mejor que podemos porque esa es nuestra tarea.*Colosenses 1:28-29 BV

Hable a alguien cada día acerca de Cristo. No deje que un día pase sin compartir las buenas nuevas con alguna persona.

Mi libro *Ganando Almas Donde Se Encuentren* le podrá ser de ayuda valiosa. Está considerado como una obra clásica en su campo. Obtenga copias para su pastor, su maestro de escuela bíblica, para los misioneros u otras amistades cristianas. Su influencia ha sido probada y muchas almas serán salvas como resultado de compartirlo con otras personas.

El Dr. Harry Denman dijo: "a menos que los cristianos capten la visión del evangelismo personal, el mundo se perderá".

Billy Graham dijo: "la mayor necesidad que tenemos en el mundo de hoy es compartir el evangelio a las personas, no sólo por los ministros, sino por todo cristiano".

Cuando Pablo habló del cristiano verdadero,

habló de un ministerio, diciendo: *Si estás en Cristo eres nueva criatura ... y Dios te reconcilió consigo mismo por Cristo, y te ha dado el ministerio de la reconciliación.* 2 Corintios 5:17-18

Toda persona que está en Cristo, es una nueva criatura y ha recibido un ministerio de reconciliación. Cada cristiano tiene el ministerio de reconciliar a la gente con Dios en Cristo Jesús. Eso es ganar almas, sin importar color, raza, nacionalidad ni sexo. Cada creyente es un proclamador. Cada cristiano está llamado a compartir. Cada cristiano es un misionero, un evangelista, un testigo. Ese es el cristianismo profundo.

Debido a eso digo: hable a alguien acerca de Dios todos los días. Es el ministerio más cercano al corazón de Dios. Ese es el motivo por el cual Cristo murió. Para ese fin derramó Su sangre. Eso fue lo último que Cristo nos dejó dicho, porque quiso que lo hiciéramos. Con ese propósito se nos da el poder del Espíritu Santo. Ese es el objetivo de la vida cristiana.

Cuando yo dijere al impío: De cierto morirás; y tú no le amonestares ni le hablares, para que el impío sea apercibido de su mal camino a fin de que viva, el impío morirá por su maldad, pero su sangre demandaré de tu mano. Ezequiel 3:18

El compartir las buenas nuevas con las personas es la oportunidad más grande en la vida del cristiano. Sería terriblemente egoísta conocer a Jesucristo, lo que El hizo para salvar a los pecadores y recibirle a El y a Su paz y, a pesar de todo, permanecer callados ante los demás. ¡No, no nos quedaremos callados! Compartamos las buenas nuevas. Eso es testificar de Jesucristo.

El cristianismo se ha mantenido y se ha esparcido a través de sus veinte siglos de historia por cristianos comunes y sencillos que han sido movidos por el amor de Cristo 2 Corintios 5:14 para hablar a otros de Su misericordia y de Su salvación. Miles de ellos han sufrido persecución, torturas e inclusive el martirio, constituyéndose en la semilla de la iglesia.

Cuando otros han pagado el precio supremo para que el evangelio llegara hasta nosotros, no podemos dejar de compartirlo para que también llegue a los demás. Esa es la esencia del cristianismo en acción.

No necesita ser experto en Biblia ni tener oratoria elocuente. Hable de Cristo a la gente como le hablaría de cualquier otro amigo.

Sólo necesita conocer Juan 3:16 y algunos versículos de Romanos. Aquí le presento cinco cosas básicas y sencillas que son suficientes para conducir a una persona a tomar su decisión de aceptar a Cristo:

1. La necesidad humana – Romanos 3:23.
2. El resultado del pecado – Romanos 6:23a.
3. Cristo es el remedio – Romanos 5:8.
4. La dádiva de Dios a la humanidad – Romanos 6:23b
5. Como recibirla – Romanos 10:9-10,13.

Puede marcar estos versículos en el margen de su Biblia o Nuevo Testamento en forma de referencias en cadena, para seguirlo en secuencia en cualquier conversación. Ellos constituyen, como todos los caminos que conducían a Roma, los caminos que conducen a Cristo.

Ahora le doy un bosquejo conveniente para

ayudarle a enseñar a otros el camino a la bondad de Dios y para guiarle si usted personalmente necesita Su salvación:

Primero: el principio acerca del valor propio

Usted es un ser creado a imagen de Dios para participar de Su vida, amor, planes y propósitos, y por lo tanto, a El le es infinitamente valioso.

Porque eres hechura de Dios. Efesios 2:10 *Dios creó a la humanidad a su imagen, a imagen de Dios la creó; varón y hembra les creó.* Génesis 1:27

El Señor ha hecho al ser humano un poco menor que Dios, y lo coronó de gloria y de honra. El Señor le ha hecho señorear sobre las obras de sus manos; todo lo puso él debajo de ese ser humano. Salmo 8:5-6

Segundo: el problema básico en la vida

Adán y Eva escogieron no confiar en la palabra de Dios.

Y mandó Jehová Dios (a Adán y a Eva): *De todo árbol del huerto podrás comer; mas del árbol de la ciencia del bien y del mal no comerás; porque el día que de él comieres, ciertamente morirás.* Génesis 2:16-17

Satanás les indujo para que desconfiaran de la palabra de Dios. El contradijo a Dios diciendo: *No moriréis.* Génesis 3:4

Eva tomó de su fruto, y comió; y dio también a su marido, el cual comió. Génesis 3:6

Ese fue el pecado original: no confiar en la palabra de Dios.

Tercero: el poder negativo de la incredulidad

Cuestionar la integridad de Dios produce el deterioro y la muerte en los seres humanos.

Dios dijo: *En el día que rechaces mis instrucciones y comas del fruto que te prohibí, de cierto morirás.* Génesis 2:16-17

La paga del pecado (de no dar importancia a la palabra de Dios) *es muerte.* Romanos 6:23

Por tanto, como el pecado entró en el mundo por una persona, y por el pecado la muerte, así la muerte pasó a todos los seres humanos, por cuanto todos pecaron. Romanos 5:12

Cuarto: el plan del amor de Dios

Dios le amó y le valoró demasiado para dejarlo morir. EL dio a Cristo para que fuera juzgado y condenado en su lugar y para liberarlo de toda culpa.

El Señor no quiere que nadie perezca, sino que toda persona proceda al arrepentimiento. 2 Pedro 3:9

Porque de tal manera amó Dios al mundo, que ha dado a su Hijo unigénito, para que toda persona que cree en él, no se pierda, mas tenga vida eterna. Juan 3:16

Mas Dios te mostró la inmensidad de su amor enviando a Cristo a morir por ti. Romanos 5:8 BV

Pero Dios te declara inocente del delito de haberlo ofendido, si confías en Jesucristo, quien gratuitamente borró tus pecados. Porque Dios

envió a Jesucristo para que sufriera el castigo de tus pecados y extinguiera el enojo de Dios contra ti. Porque el fundamento de tu salvación no está en tus obras, sino en la obra de Cristo y en tu fe en El. Romanos 3:24,25,27

Puesto que ninguna deuda se debe pagar dos veces, ni ningún crimen ser castigado dos veces, usted puede ser restaurado o restaurada como si jamás hubiera hecho ningún mal en la vida.

Como Jesucristo sufrió el castigo que usted merecía, y siendo que lo que El hizo fue a su favor, ahora está libre de toda culpa ante Dios, para nunca más ser juzgado por ningún pecado que haya cometido.

Su sustituto sufrió el juicio que usted merecía. El lo hizo en su lugar, y ese juicio nunca más puede volver a llevarse ni presentarse en su contra.

Ese fue el plan del amor de Dios para salvarlo y restaurarlo a la vida y a la bondad para los cuales El lo diseñó originalmente.

Quinto: el secreto de la identidad con Cristo

Cuando usted recibe a Jesucristo, es restaurado o restaurada para poseer de nuevo la vida de Dios.

Cuando se identifica con lo que Cristo hizo, y cree que El asumió todo juicio contra sus pecados tomando el lugar suyo, le acontece lo siguiente:

1) La justicia de Cristo le es transferida y queda libre de toda culpa y de todo juicio. 2) Jesucristo viene a vivir la vida de Dios en y a través suyo. 3) Es hecho una nueva criatura. 4)

Queda restaurado o restaurada ante Dios según Su plan original. 5) Le da un poder sobrenatural, el cual lo hace hijo o hija de Dios. Todo esto es producto de un milagro.

A Cristo que no tenía pecado, Dios lo hizo pecado por nosotros, para que en él llegáramos a compartir la justicia (o la vida) *de Dios.* 2 Corintios 5:21

A todo ser humano que recibe a Jesucristo, Dios le da potestad de ser hecho hijo o hija de Dios. Juan 1:12

Si estás en Cristo, eres una nueva criatura. Todas las cosas son hechas nuevas. 2 Corintios 5:17

Cristo dijo: *Yo he venido para que tengan vida, y la tengan en abundancia.* Juan 10:10

Cuando recibe a Jesucristo en su vida, queda restaurado o restaurada a la amistad, a la comunión y a la vida con Dios. Y fue para vivir de esa forma que fue diseñado o diseñada por El.

Tu comunión verdaderamente es con el Padre, y con Su Hijo Jesucristo. 1 Juan 1:3

Cuando alguien acepta a Cristo, aun la más sencilla oración es suficiente para hacerlo realidad. Un hombre en la Biblia oró diciendo: *Dios, sé propicio a mí pecador.* Lucas 18:13 El malhechor en la cruz oró diciendo: *Señor, acuérdate de mí cuando vengas en tu reino.* Lucas 23:42 Es suficiente orar diciendo:

Querido Señor:

Te confieso que no confiaba en Tu palabra.
Invoco Tu nombre.
Perdona todos mis pecados.
Yo creo que moriste en mi lugar.
Te acepto como mi Salvador personal
Creo que resucitaste de entre los muertos
conforme a las Escrituras.

Te recibo a Ti y a la vida de Dios que me das.
Creo que me salvas ahora mismo.
Te doy gracias, Señor Jesús, por darme Tu salvación.
Amén.

Ahora tome y haga suyo el mismo lema que nosotros tenemos: ¡Un camino! ¡Una tarea!

Un Camino: Jesucristo.[Juan 14:6]

Una Tarea: Testificar de El a las demás personas.[Isaías 43:10; Juan 15:27; Hechos 1:8; 2:32; 5:42; 22:15; 28:31]

Ese es el trabajo más cercano al corazón de Dios y que bendecirá su vida así como la vida de Cristo fue bendecida, porque *como el Padre lo envió a él al mundo, así él te ha enviado a ti al mundo,*[Juan 17:18] y El le promete: *He aquí yo estoy contigo todos los días, hasta el fin del mundo.*[Mateo 28:20]

Cuando era sólo un muchacho y recibí a Cristo en mi vida, comencé a hablar de El a otras personas. Tenía una imprenta de juguete. Tomé pedacitos de papel e imprimí un mensaje en cada uno, que incluía a Juan 3:16.

Luego los llevaba de puerta en puerta en el pueblo donde vivía.

¿Quién hubiera soñado que un día estaríamos publicando más de una tonelada de literatura diariamente con el mensaje del evangelio en 132 idiomas?

Cuando sea consistente en hablar de Cristo a alguien cada día, se sorprenderá de cómo Dios ampliará diariamente su capacidad de hacerlo.

Que su credo sea: cada creyente un testigo.

Que su misión sea: ir a donde la gente está.

Oí la voz del Señor que decía: ¿A quién envia-

ré, y quien irá por nosotros? Entonces respondí yo: Heme aquí, envíame a mí. Isaías 6:8

Alzad vuestros ojos y mirad los campos, porque ya están blancos para la siega. Juan 4:35

Cristo dijo: *Ciertamente la cosecha es mucha, pero los trabajadores son pocos.* Mateo 9:37 - Versión Popular Dios Habla Hoy

Jesucristo murió por el mundo entero. Su sangre fue derramada para la remisión de los pecados. Lo hizo por todo ser humano en la tierra que clame a El. Pero, *¿cómo, pues, invocarán a aquel en el cual no han creído? ¿y cómo creerán en aquel de quien no han oído?* Romanos 10:13-14

Así que la fe (para salvación) *es por el la palabra de Dios.* Romanos 10:17

Usted y yo somos los testigos, somos quienes le confesamos, quienes testificamos de El; somos las voces, los predicadores y los instrumentos por medio de los cuales este mundo debe oír el evangelio. Cristo vive y ministra por medio de nosotros.

Eso fue lo último que Cristo nos ordenó hacer. Mateo 28:19-20 El no nos hizo una sugerencia. Nos dio una comisión.

Es por ese motivo que le digo que desarrolle el hábito de hablar de Cristo cada día a alguien, y será un cristiano feliz, exitoso y vibrante. Conocerá cómo vivir realmente *La Buena Vida.*

Capítulo 8

Había una vez un vecino

UN HOMBRE SE mudó a nuestro vecindario. El no cayó en manos de ladrones ni lo despojaron de todos sus bienes ni lo golpearon, dejándolo por muerto. Sencillamente se mudó al vecindario. Un día, uno de los vecinos pasó por donde él estaba y, al verlo, se fue a la otra acera diciéndose a sí mismo: "Ya voy casi tarde para el culto en la iglesia. Si me detengo a hablar con él, me voy a perder la oración de apertura. Después de todo, creo que en la iglesia ya deben saber que se mudó a esta comunidad".

Y de igual forma otro de los vecinos lo vio y también se fue al otro lado de la calle diciéndose: "Bueno, quieren que visitemos a nuevos vecinos como éste, pero no creo en dar la impresión de que soy un fanático religioso. Esperaré a que algún día por casualidad me hable y entonces le diré: 'Perdone, no piense que soy una persona que se fanatiza mucho con estas cosas, pero si algún día se siente con deseo de hacerlo, si ninguno de sus hijos está enfermo y si no piensa salir de viaje ni tiene visitas, y si tiene el tiempo y la oportunidad, quizás quisiera visitar nuestra iglesia'".

Pero otro vecino que andaba de paso llegó a donde estaba este hombre y, al verlo, se le acercó y le dio la bienvenida a la comunidad y lo invitó a la iglesia, e inclusive se ofreció a llevarlo personalmente. El siguiente domingo llevó al nuevo vecino al pastor y le dijo: "Cuídelo, y si puedo serle de ayuda, puede contar conmigo. Será un placer hacerlo".

¿Cuál de estos tres, cree usted, probó ser el vecino, el prójimo, del recién llegado al vecindario?

Capítulo 9

La hambruna Rusa

SE ESTIMA QUE en los años 1920 y 1921 unos 20 millones de personas murieron de hambre en la gran hambruna de Rusia. Un hombre en Norteamérica envió dinero cada mes a su hermano en Rusia para sostenerlo a él y a sus tres hermanas.

Después de aquella hambruna, el hermano de Rusia fue a los Estados Unidos y se supo que había sido el único sobreviviente de toda la familia, los demás murieron de hambre.

Un día su hermano de Norteamérica le preguntó: "Jorge, ¿cómo fue que los demás murieron de hambre? ¿No te mandaba lo suficiente?" Jorge dio disculpas nerviosas e incoherentes.

Ocho meses después, Jorge estaba al borde de la muerte. Su culpa no lo dejaba tranquilo. Llamó a su hermano y le dijo: "Pedro, lo que enviaste sí era suficiente, pero lo guardé todo para mí". Entonces murió.

Supongamos que esa fuera la actitud asumida acerca del pan de vida, ¿qué ocurrirá al final?

Había suficiente para toda criatura, pero lo

retuvimos para nosotros mismos, mientras los demás morían de hambre.

Solamente el tres por ciento de todas las almas que nacerán este año oirá el evangelio.

Hay suficiente. ¿Será que lo estamos acaparando todo para nosotros?

En nuestras cruzadas he conocido a miles de cristianos que han tenido celo para dar el pan de vida a otras personas. Creen que yo lo he hecho con éxito y me piden les dé mis secretos. Al compartir con ellos estos secretos, han llegado a ser ganadores de almas fructíferos. Considero que el mayor de todos los privilegios de cada cristiano es el de ser testigo de Cristo.

Capítulo 10

El hombre en Australia

¿HA SALVADO ALGUNA vez a alguien que perecía? ¿Se ha encontrado alguna vez en la situación en que usted era la única persona que podía salvar a otra?

Una vez salvé a un muchacho que se ahogaba. Estaba parado a orillas de un lago cuando vi al muchacho luchando bien adentro del agua. Se había tirado al agua desde su botecito y nadaba hacia lo profundo y luego regresaba al bote para descansar. Pero no se daba cuenta que el viento se llevaba al bote más allá de lo que podía nadar para alcanzarlo. El muchacho tampoco hubiera podido nadar hasta la rivera. Sabía que se ahogaría si no se hacía algo rápidamente.

Había una canoa cerca. La agarré y me tiré con ella al agua, con un solo remo roto. Fui velozmente hacia él y lo rescaté antes que se ahogara. Cuando lo traje a la orilla, di gracias a Dios por haber podido alcanzarlo antes de que pereciera.

Creo que nunca en mi vida me había sentido mejor que cuando lo vi sano y salvo. Había salvado a ese muchacho y no pereció. Algún día estaré en las riveras del cielo y podré mirar a las almas redimidas que he alcanzado con el evangelio. Les oiré cantar. Me regocijaré ante el hecho de que pude alcanzarlas antes de que perecieran. Su presencia en el cielo conmigo será la mayor recompensa que me puedo imaginar.

Hace años, un hombre dejaba a Australia después de adquirir una fortuna en las minas de oro. El barco en el que viajaba naufragó en una tormenta y comenzó a hundirse. Los salvavidas se habían perdido y le gente había perdido toda esperanza. Pero aquel hombre pensó que podría nadar y llegar hasta una pequeña isla cercana.

Cuando estaba listo para saltar al agua, una niña cuya madre había desaparecido en el mar, llena de miedo se agarró de sus ropas. Le suplicó diciendo: "Señor, por favor, sálveme".

Alrededor de su cintura llevaba un grueso cinturón lleno de oro, que era su fortuna. Miró a la niña desamparada. Tenía que escoger entre su riqueza mundanal y la vida de la niña.

Mientras el viento echaba agua salada en su rostro y la niña seguía agarrada de él, se soltó el pesado cinturón lleno de oro y lo tiró al agua. Entonces tomó a la niñita y se lanzó por la borda. Luchó fuertemente para conquistar cada metro de las aguas turbulentas.

Casi sin vida, finalmente llegó a tierra. Se arrastró en la costa, puso la niña a salvo en la arena y agotado, quedó inconsciente.

Cuando volvió en sí, la niña puso sus brazos alrededor de su cuello y lo besó en la mejilla. Ella lo miró con sus ojos tiernos y le dijo: "Señor, gracias por salvarme. Gracias por lo que hizo".

El hombre dijo que aquello valió más que todo el oro de Australia.

Asegurémonos que, cuando lleguemos a las resplandecientes playas del cielo, encontremos almas que vengan a recibirnos con los brazos extendidos y nos digan: "¡Bienvenido! ¡Bienvenida! Gracias por haber hecho posible que yo me salvara".

3ª PARTE

SECRETOS DEL EXITO

¿POR QUE CADA persona tiene ciertas habilidades especiales para hacer unas cosas mejor que otras? ¿Por qué algunas personas abandonan toda esperanza de poder obtener algún día las cosas buenas de Dios?

Existen solamente siete necesidades básicas en la vida y un secreto sencillo para recibir salud, felicidad, éxito y prosperidad. La abundancia de todo esto, es para usted.

Cuando descubra sus raíces con Dios, encontrará una mina de oro para usted mismo y para sus seres amados.

Capítulo 11

Cómo fomentar el éxito y la felicidad

ADEMAS DE LOS tres hábitos diarios de la vida cristiana: orar, leer la Biblia y testificar que mencionamos anteriormente, ahora le presento otros secretos para obtener el éxito en *La Buena Vida.*

En el siglo tercero, Cipriano, obispo de Cartago, escribió a su amigo Donato: "Donato, éste es un mundo malo, increíblemente malo. Pero he descubierto en medio de este mundo a un pueblo tranquilo y santo que ha aprendido un gran secreto. Han encontrado un gozo que es miles de veces mejor que cualquiera de los placeres de nuestra vida pecaminosa. Son aborrecidos y perseguidos, pero no lo tienen en cuenta. Son amos de sus almas. Han vencido al mundo. Esta gente, Donato, son los cristianos, y yo soy uno de ellos".

Si se ha arrepentido de sus pecados y ha recibido a Cristo como Salvador, entonces usted también es uno de esos cristianos.

Al seguir a Cristo, hay un paso que es de vital importancia en su comunión con otros cristianos.

La Biblia enseña que: *Vosotros sois el cuerpo de Cristo, y miembros cada uno en particular;* 1 Corintios 12:27 y todos los creyentes *cada vez seremos más semejantes a Cristo, quien es la cabeza de ese cuerpo suyo que es la iglesia. Bajo su dirección las partes del cuerpo armonizan perfectamente; cada una, según el don recibido, ayuda a los demás para que el cuerpo entero esté saludable, crezca y se llene de amor.* Efesios 4:15-16 BV

Pablo dice en referencia a las personas cristianas: *Y a algunos les dio el don de ser apóstoles; a otros el don de predicar bien; a otros, el don de ganar personas para Cristo y guiarlas a confiar en El como Salvador; y a otros el don de velar por su rebaño, y enseñar los caminos de Dios.*

¿Y por qué concede tales habilidades? Porque quiere que su pueblo esté perfectamente capacitado para realizar mejor la tarea de llevar a la iglesia, cuerpo de Cristo, a un estado de vigor y madurez en que nuestra creencia en la salvación y en el Salvador, el Hijo de Dios, sea la misma y hayamos crecido en el Señor hasta el punto de estar henchidos de Cristo. Efesios 4:11-13 BV

En todo momento seguiremos la verdad con amor, diremos la verdad, aplicaremos la verdad en nuestro trato con los demás y en nuestra vida diaria y cada vez seremos más semejantes a Cristo, quien es la Cabeza de ese cuerpo suyo que es la iglesia. Efesios 4:15 BV

Ahora ustedes son también piedras vivientes que Dios utiliza para construir su casa. Es más, son sus sacerdotes santos. Así que acérquense a El (ante El ustedes son aceptables gracias a Jesucristo) y ofrézcanle a Dios las cosas que le agradan. 1 Pedro 2:5 BV

Por esto, les ruego que se entreguen de cuerpo

entero a Dios, como sacrificio vivo y santo; éste es el único sacrificio que El puede aceptar. Teniendo en cuenta lo que El ha hecho por nosotros, ¿será demasiado pedir?

No imiten la conducta ni las costumbres de este mundo; sean personas nuevas, diferentes, de novedosa frescura en cuanto a conducta y pensamiento.

Así aprendan por experiencia la satisfacción que se disfruta al seguir al Señor. Romanos 12:1-2 BV

No se consideren mejores de lo que son; valórense de acuerdo al grado de fe que Dios les ha permitido.

El cuerpo de Cristo, al igual que nuestros propios cuerpos, tiene muchas partes. Cada uno de nosotros forma parte de este cuerpo, y éste no estaría completo si faltara alguno, ya que cada quien desempeña una tarea diferente.

Así que entre nosotros hay dependencia mutua; nos necesitamos unos a otros.

Dios ha concedido a cada persona el don de realizar bien cierta tarea.

Así que si Dios te ha dado el don de profetizar, ejercítalo de acuerdo a la proporción de la fe que posees.

Si poses el don de servir a los demás, sirve bien.

Si eres maestro, sé un buen maestro.

Si eres un predicador, procura que tu sermón sea poderoso y útil.

Si Dios te ha dado dinero, ayuda generosamente a los demás.

Si Dios te ha concedido habilidades adminis-

trativas y te ha hecho responsable del trabajo de otros, cumple con seriedad tu deber.

Y quienes consuelan a los afligidos, háganlo con alegría cristiana.

No finjas amar; ama de veras.

Aborrece lo malo.

Ponte de parte del bien.

Amense con cariño de hermanos y hermanas y deléitense en el respeto mutuo.

No seas perezoso en el trabajo; sirve al Señor con entusiasmo.

Regocíjate en los planes que Dios tiene para ti.

Ten paciencia si sufres, y nunca dejes de orar.

Cuando veas a algún hijo o hija de Dios en necesidad, sé tú el que corra a ayudarle.

Y fórmate el hábito de invitar a comer en tu casa y ofrecer alojamiento a los que lo necesiten.

Si alguien te maltrata por ser cristiano, no lo maldigas; al contrario, ora que Dios lo bendiga.

Si alguien se alegra, alégrate con esa persona. Si alguien está triste, acompáñale en la tristeza.

Trabaja con armonía. No te afanes por conquistar sólo el favor de los importantes; alégrate en la compañía de la gente común ¡Y no te hagas el que lo sabe todo!

Nunca pagues mal por mal. Actúa siempre honrada y limpiamente.

No riñas con nadie. Procura en lo que sea posible estar en paz con todo el mundo.

Querido hermano, nunca tomes venganza.

Déjasela a Dios, porque El ha dicho que castigará a los que se lo merezcan. (No tomes la ley en tus propias manos).

Al contrario, da de comer al enemigo hambriento. Si tiene sed, dale de beber. Así estarás "amontonando ascuas de fuego sobre su cabeza". En otras palabras, así se avergonzará de lo que te ha hecho.

No te dejes, pues, vencer por el mal, sino vence el mal haciendo el bien. Romanos 12:3-21 BV

Obedece a los superiores legales, porque Dios es quien les ha otorgado el cargo. Obedece las leyes. Romanos 13:1-5 BV

Por esos mismos motivos, paga los impuestos. Los empleados del gobierno tienen que recibir salario para poder continuar sirviéndote en el trabajo que Dios les ha encomendado. Romanos 13:6 BV

Cumple con alegría tus obligaciones; paga los impuestos y las contribuciones, obedece a tus superiores, y honra y respeta a quienes haya que honrar y respetar.

Paga las deudas, excepto las deudas de amor hacia otros; pues éstas nunca se terminarán de pagar.

Porque si amas a tu prójimo como a ti mismo, jamás sentirás deseos de perjudicarle, engañarle, matarle ni robarle; jamás pecarás con su esposa o esposo ni desearás lo que le pertenece. No harás contra él o ella nada que los Diez Mandamientos prohiban. Romanos 13:7-9 BV

Tenemos que vivir como Dios manda, por otro motivo: sabemos que se está haciendo tarde; el tiempo vuela. ¡Despertemos! El regreso del Señor está más cerca ahora que cuando creímos en El.

La noche ya se extingue; el día de su regreso

despuntará pronto. Dejemos de actuar en las tinieblas y vistámonos las armaduras del bien, como corresponde a quienes viven a la luz del día.

Seamos siempre decentes y honrados, para que nadie pueda criticarnos.

No gastemos el tiempo en fiestas exageradas, borracheras, adulterios, sensualidad, pleitos ni envidias.

Pidámosle a Jesucristo que nos ayude a vivir como debemos, y no tramemos complacernos con impiedades. Romanos 13:11-14 BV

Reciban con una calurosa bienvenida a cualquier hermano o hermana que desee unírseles, aun cuando la fe de esta persona sea débil. No le critiquen si sus ideas no concuerdan con las de ustedes. Romanos 14:1 BV

Dios les ha aceptado como hijos e hijas. Son siervos de Dios, no de ustedes. Y son responsables ante Dios, no ante ustedes. Dejen que sea El el que les diga si están haciendo bien o mal. Dios puede persuadirles a actuar como es debido. Romanos 14:3-4 BV

Tú ni tienes derecho a criticar a tu hermano o hermana ni a menospreciarle. Recuerda que cada uno de nosotros tendrá que comparecer personalmente ante el tribunal de Cristo. Sí, cada uno tendrá que dar cuentas a Dios de sus actos.

Así que dejen de estarse criticando. Traten de vivir de tal manera que ningún hermano se tambalee al verlos haciendo algo que sea incorrecto. Romanos 14:10-13 BV

No hagas nada por lo cual se te pueda criticar, ni aun cuando sepas que no es malo. Después de todo, para el cristiano lo más importante no es

comer ni beber sino procurar virtud, paz y gozo del Espíritu Santo.

Si dejas que Cristo te guíe en estas cuestiones, Dios se alegrará y tus amistades también. Además, estarás contribuyendo a la armonía en la iglesia. Romanos 14:16-19 BV

¡Dios, que da paciencia, estímulo y consolación, les ayude a vivir en armonía con los demás, tal como Cristo nos lo enseñó.

Para que podamos juntos y a una voz alabar y glorificar a Dios, el Padre de nuestro Señor Jesucristo!

Así que, para gloria de Dios, trátense en la iglesia con el mismo afecto con que Cristo los ha recibido. Romanos 15:5-7 BV

Los dejo con Dios, quien puede fortalecerles y afirmarles en el Señor, como dice el evangelio y como yo les he dicho.

Este es el plan de la Salvación de Dios. En todas partes se está predicando este mensaje, para que los pueblos del mundo tengan fe en Cristo y lo obedezcan. A Dios, el único verdaderamente sabio, para siempre sea la gloria a través de Jesucristo nuestro Señor. Amén.

Les quiere,

Pablo Romanos 16:25-27 BV

Cómo orar y recibir respuesta

NO EXISTE UN secreto mayor en *La Buena Vida* que el de aprender a orar y obtener la respuesta. Dios quiere que usted, como Su hijo o hija, acuda a El con una confianza absoluta de que cualquier cosa que necesite o desee, se la puede pedir en oración y fe sencilla y le será concedida.

El hizo muchas promesas maravillosas y las hizo para usted personalmente:

Clama a mí, y yo te responderé, y te enseñaré cosas grandes y ocultas que tú no conoces. Jeremías 33:3

Esa es una invitación a orar y Su promesa es contestar la oración.

Pedid, y se os dará; buscad y hallaréis; llamad y se os abrirá. Mateo 7:7

Aquí Cristo nos da aliento para que todos oremos y nos da Su seguridad de que las oraciones serán contestadas.

Toda persona que pide, recibe. Mateo 7:8

Esta es Su promesa: toda persona que le

pida, va a recibir. En la mente del Señor no hay tal cosa como una oración no contestada.

Quien busca, halla. Mateo 7:8

A quien llama, se le abrirá. Mateo 7:8

Su voluntad es siempre contestar la oración. Ese es Su deleite.

Dios le invita a usted a orar, a pedir. El siempre está listo para contestarle. Cuando la gente no ora, es porque no espera tener contestación. Las oraciones no contestadas se interponen entre la gente y su fe.

Algunos dicen: "Podría tener fe, pero he orado muchas veces y nunca he recibido la contestación". O dicen: "Antes tenía fe, hasta que oré desesperadamente por un problema en particular, y la respuesta nunca me llegó".

Hay quienes culpan a Dios de no ser fiel, cuando deberían culparse a sí mismos por no orar conforme a Su palabra.

Sin embargo, lo más común no es que la gente acuse a Dios de no cumplir Su parte, sino que más bien desarrollan y abrigan una confusión interna, una actitud de aturdimiento hacia la oración, la cual han desarrollado por experiencias repetidas de no recibir contestación a sus oraciones. Interiormente han abandonado toda esperanza de recibir lo que piden, de modo que dejan por completo la práctica de orar, lo que equivale a renunciar a la fe.

La gente que no ora porque está decepcionada con su fe personal. Sus esperanzas de recibir respuesta se han desmoronado con demasiada frecuencia. Se han dado por vencidos. Si lo siguen haciendo es solamente como parte del formalismo o ritualismo de su religión. Lo real ha dejado de existir.

Cuando las luces de la fe se apagan, la vida se constituye en un camino sumamente difícil y penoso. Si usted abandonara su fe, caminaría solo en la vida, pues Dios no acompaña a la incredulidad.

El miedo y la inseguridad esclavizan la vida que claudica en su fe.

No pierda las esperanzas ni concluya que orar es inútil. *Usted puede orar y recibir la respuesta.*

Una de las formas más maravillosas de tener comunión con Dios es *pidiendo y recibiendo.*

Es una maravilla que existan personas que han recibido una sola contestación a sus oraciones en la vida y recuerden esa única experiencia por el resto de sus días.

Un anciano se seca las lágrimas al relatar esa sola ocasión en su vida, quizás años atrás, cuando clamó a Dios en desesperación y El lo escuchó y le contestó.

Sin embargo, nuestro Padre celestial nos invita hoy a que disfrutemos de Sus bendiciones cada día de nuestra vida. Usted puede disfrutar de ese privilegio gozoso hoy y todos los días, por el resto de su vida.

Libérese de esas oraciones no contestadas que están amontonadas y encerradas en su memoria y olvídelas.

Suelte su pasado. ¿Siente que ha fracasado? Eso no es lo que importa. Muchísimas otras personas también lo han hecho. Un ejército de esa gente también ha capitulado en su futuro ante los fracasos del pasado.

Mas, hay otro grupo de personas que, por el ejercicio de su albedrío, han borrado esos fracasos como cuentas malas que guardaban en sus recuerdos y han comenzado vidas nuevas. Han tenido éxito. A la vez han encontrado la felicidad y la abundancia de Dios.

El fundamento para recibir contestación a las oraciones, radica en el reconocimiento de que el único motivo por el cual puede esperar recibir bendiciones de Dios, es porque Cristo murió en la cruz para proveer dichas bendiciones.

Miles de personas oran, pero a pensar que nunca se detienen lo que piden es dado por la muerte de Cristo.

Quieren sanidad "porque han sufrido mucho", "porque han sido personas buenas y sinceras"; "porque han sido fieles en sus iglesias" o por muchas otras razones similares.

¿Serán estos motivos lo suficientemente lógicos como para recibir la sanidad de Cristo?

Creo que nuestra única y verdadera base para recibir sanidad por la fe es: *El mismo tomó nuestras enfermedades*Mateo 8:17 *Ciertamente llevó él nuestras enfermedades y sufrió nuestros dolores; y por sus heridas fuimos nosotros curados.*Isaías 53:4-5

A fin de que sus oraciones obtengan respuesta, dependa enteramente de los méritos y la mediación de Jesucristo.

Todo lo que usted pida, debe pedirlo con el entendimiento de que lo recibirá porque Cristo murió en la cruz para proveerlo.

Con Su muerte por nosotros, Cristo proveyó todas las bendiciones que podamos desear o necesitar.

Cuando ore, mire primero a la cruz donde el precio de la bendición que busca ya fue pagado. Entienda que, siendo que Cristo murió para proveer esas bendiciones, las mismas le pertenecen a usted y El quiere que las tenga. Entonces reclámelas confiadamente.

Usted tiene siete necesidades. Siete es el número perfecto y completo en la Biblia. Dios se reveló a Sí mismo a través de siete nombres redentores, mostrando Su naturaleza en siete atributos, los cuales imparten siete bendiciones a nuestras vidas cuando lo recibimos a El. La muerte de Cristo pagó el precio completo por la redención que provee estas siete bendiciones. Todo lo que podamos requerir o desear, Cristo lo proveyó en la cruz.

En los comentarios (4) sobre Génesis 2:4, páginas 5 y 6, la Biblia anotada del Dr. Scofield presenta los Siete Nombres Redentores de Jehová Dios.

Jehová-sidkenu: Dios es nuestra *Justicia.* Jeremías 23:6

Jehová-Salom: Dios es nuestra *Paz.* Jueces 6:23-24

Jehová-rá-ah: Dios es nuestro *Guía o nuestro Pastor.* Salmo 23:1

Jehová-rafan: Dios es nuestro *Médico o Sanador.* Exodo 15:26

Jehová-jireh: Dios es nuestro *Proveedor – nuestra Fuente de Provisión.* Génesis 22:8-14

Jehová-sama: Dios está *Siempre Presente* Ezequiel 48:35

Jehová-nissi: Dios es nuestra *Victoria* Exodo 17:15

Estos siete nombres revelan la naturaleza de Dios en Su relación con la humanidad. Como son nombres redentores, revelan las bendiciones comprendidas en la redención que El quiere que todo ser humano reciba. No hay excepciones en la obra redentora de Cristo. El deseo redentor de Dios se confirma con la muerte de Cristo en la cruz. Todo esto significa que todas las bendiciones provistas por la muerte de Cristo en la cruz, están incluidas en nuestra redención, y en esa redención no puede haber excepciones. Son para *toda persona que las quiera.*

El fundamento mismo de la contestación a la oración se levanta sobre el hecho de que Cristo murió para proveer todo aquello que usted esté pidiendo.

No reclame su sanidad por el hecho de haber sido una persona buena o por ser fiel a la iglesia o por haber sufrido demasiado o porque su familia le necesita o porque quiere trabajar para El.

Existe un solo motivo para reclamar salud: *Cristo llevó tus enfermedades, sufrió tus dolores, y por sus heridas tu sanidad fue libremente provista*[Isaías 53:4-5]

Esa es la base legal para su reclamo. Usted es hijo o hija de Dios. El proveyó su salud al someterse a Sí mismo para sufrir sus enfermedades. El quiere que usted esté bien. Por tanto, la salud le pertenece. Está pagada y se le ofrece libremente. Usted tiene derecho legal a Sus bendiciones, esperan que usted las reclame, de igual forma como le espera el dinero que tenga depositado en su cuenta de banco.

El hecho mismo de que Cristo haya muerto para proveer su salud, hace innecesario que usted tenga que sufrir la enfermedad. Es injusto e ilegal que Satanás imponga las dolencias a su cuerpo. El no tiene ningún derecho a imponerle la enfermedad que Dios puso en Cristo. Resista al opresor con firmeza y fe.[1 Pedro 5:9] Reclame su salud sobre la base de que Cristo las llevó y las quitó[Mateo 8:17] Niéguese a llevar la maldición de las dolencias, porque Cristo fue hecho maldición por usted y El llevó sus enfermedades.[Gálatas 3:13]

Vea su sanidad como parte integral de su redención. Entienda que la salud ha sido depositada en su cuenta. Sobre todo, reconozca que Cristo sufrió para que usted esté completamente sano y se mantenga saludable.

La enfermedad es del diablo[Job 2:7; Lucas 13:11,16; Hechos 10:38] Es una maldición[Deuteronomio 28:15-18; Gálatas 3:13] No es natural. Es una asesina. Vino porque Adán y Eva pecaron en el huerto del Edén. La enfermedad nunca vino de Dios. Satanás la trajo.

Cuando Dios nos redimió, la salvación provista por Cristo incluyó la liberación del pecado junto con sus efectos[Salmo 103:3] La enfermedad es parte del efecto del pecado en la raza humana.

Cuando Cristo llevó y borró nuestros pecados,[1 Pedro 2:24] también llevó y borró nuestras enfermedades.[Isaías 53:4-5] El sufrió en nuestro lugar; nos redimió; nos liberó cuando llevó el castigo que merecíamos.[Romanos 5:8; 6:6] Merecíamos morir en nuestros pecados. Cristo murió en lugar nuestro cuando se hizo pecado por nosotros[2 Corintios 5:21]

Se suponía que sufriéramos las enfermedades. Pero Cristo llevó nuestras enfermedades y sufrió nuestros dolores, y *por sus heridas fuimos sanados.*[Isaías 53:4-5]

Haga de la muerte de Cristo su único argumento, la única base para reclamar cualquier bendición.

Como El pagó ese precio tan enorme a fin de

proveer las bendiciones y las dádivas que necesite, entonces no vale la pena mencionar nada adicional delante de El.

Usted tiene siete necesidades. La naturaleza de Dios es séptupla. La provisión hecha por Cristo es séptupla. La redención es séptupla.

Miremos la póliza de vida séptupla que Dios le extiende. Veamos lo que podemos reclamar.

1. **Usted necesita el perdón y la justicia**, porque siente la condenación. Los pecados se levantan ante usted. Le persiguen cada vez que necesita ayuda y le acusan de ser indigno o indigna. Usted titubea y duda cada vez que el diablo los pasa por su mente. Le estorban cada vez que piensa orar. Se desespera. Necesita tenerlos fuera de su camino para siempre. Quiere tener Su justicia y Su perdón; quiere resolver la interrogante de sus pecados de una vez y para siempre.

   La Provisión: *Cristo llevó él mismo nuestros pecados en su cuerpo sobre el madero, para que nosotros, estando muertos a los pecados, vivamos a la justicia.*[1 Pedro 2:24] *A Cristo, que no conoció pecado, por nosotros Dios lo hizo pecado, para que nosotros fuésemos hechos justicia de Dios en él*[2 Corintios 5:21] *El Señor es nuestra justicia*[Jeremías 23:6] Cristo se convirtió en su justicia cuando llevó sus pecados sobre la cruz y, por lo tanto, El es ahora *el don de la justicia*[Romanos 5:17] que se le ha dado a usted. Cristo pagó por esa justicia. Sus pecados no le volverán a condenar nunca más, porque Cristo los borró para siempre. Satanás no tiene derecho para acusarle ni recordárselos en sus días de crisis, porque ellos fueron llevados y echados lejos de usted, así como el oriente está lejos del occidente. Salmo 103:12 Han sido borrados. Cristo pagó por todos y cada uno de ellos. El castigo ha sido llevado. El pago ha sido hecho. Usted es ahora libre Juan 8:36

Bases para la fe: Cristo fue hecho pecado con los pecados suyos y llevó el castigo que usted merecía. Ese es el único motivo por el cual usted puede pedir excepción o perdón por sus pecados y vivir libre de condenación.

Oración: Cuando usted busque el perdón o la justicia de Dios:
Señor, entiendo que Cristo llevó mis pecados en la cruz; Su sangre fue derramada para que fueran redimidos; los confieso y renuncio a ellos. Soy perdonado. Cristo sufrió mi castigo. Soy salvo; EL me da Su justicia; la acepto por la fe como Su dádiva gratuita. Estoy libre de mis pecados; ya están pagados; Cristo los tomó sobre Sí cuando murió en la cruz.

2. **Usted necesita la Paz.** Su alma está llena de luchas internas. Se siente inquieto y tenso, acusado y condenado. Vive agitado y atormentado. Necesita encontrar la paz.

La Provisión: El Señor es nuestra paz. Jueces 6:20-24 Cristo le dice a usted: *Mi paz os doy.* Juan 14:27 Esa paz es suya. Cristo murió para proveerla porque *el castigo de nuestra paz fue sobre él* Isaías 53:5 cuando *hizo la paz mediante la sangre de su cruz.* Colosenses 1:20 Satanás no tiene derecho a robarle esa herencia que es suya. Cristo murió sufriendo la angustia de sus pecados para que usted tuviera Su paz.

Bases para la Fe: Cristo sufrió la cruz, llevando el castigo para darle paz a usted. Ese es el único motivo por el cual debe reclamar Su paz y rechazar todo conflicto interno en su vida.

Oración: Cuando usted busque Su paz: **Señor, Tu llevaste mi castigo y trajiste la paz por la sangre de la cruz; yo reclamo Tu paz en mi alma. Nada puede ahora inquietarme, condenarme ni acusarme porque cuando Tu sangre fue derramada, mis pecados fueron quitados para siempre y dejaron de ser causa de enemistad entre nosotros. Reclamo esa paz ahora mismo. Es mía. El conflicto terminó en la cruz. Mi cuenta quedó pagada. Ahora tengo Tu paz para siempre.**

3. **Usted necesita Guía.** Usted piensa que le pueden engañar así que se turba y anda con cautela, con temor y con titubeos. Busca la guía y la dirección de Dios, pero no siente seguridad. Anda desorientado. Necesita que Cristo le dirija en la vida.

La Provisión: Los pasos de los buenos son guiados por el Señor. Salmo 37:23 BV *Lámpara es a mis pies tu palabra, y lumbrera a mi camino*- Salmo 119:105 *El Señor es mi pastor.* Salmo 23:1 BV Cristo dijo: *Mis ovejas oyen mi voz, y me siguen. Mas al extraño no seguirán.* Juan 10:27 El se ha constituido en su Guía. Usted puede estar seguro en la vida. El pagó el derecho de guiarle a usted, al dar *su vida por las ovejas* Juan 10:11 Su muerte abrió el camino para que usted le pertenezca y lo siga.

Bases para la Fe: Cristo dio Su vida para ser su Pastor. Ese es el único motivo por el cual usted puede reclamar Su guía y estar seguro de que jamás se desviará ni se perderá.

Oración: Cuando usted busque Su guía: **Señor, Tu eres mi Pastor. Yo te seguiré. Conozco Tu voz. Tú diste Tu vida por mí. Jamás seré mal guiado porque te tengo a Ti como mi Pastor y Guiador.**

4. **Usted necesita Sanidad.** Usted sufre de dolores, enfermedades, debilidades o dolencias. Necesita desesperadamente del poder sanador de Dios. Usted ha estado orando pidiendo liberación de sus males.

   La Provisión: Cristo pagó por su sanidad de forma perfecta y completa cuando murió en la cruz. El *es el Señor tu sanador*Exodo 15:26 Versión Popular Dios Habla Hoy El *sana todas tus dolencias.*Salmo 103:3 El pagó por su curación cuando *llevó sus enfermedades, y sufrió sus dolores, y fue herido, y por sus heridas usted fue sanado.*Isaías 53:4-5 Ahora Su obra está consumada.Juan 19:30 Su salud ha sido pagada. Sus enfermedades fueron puestas sobre El, y las llevó quitándolas para siempre. Ahora la sanidad le pertenece. Es una dádiva que El le ha otorgado. Es suya. Satanás no tiene derecho de poner sobre usted aquello que Dios puso sobre Cristo cuando murió en la cruz.

   Bases para la Fe: Cristo sufrió sus enfermedades al llevarlas en la cruz por usted. Ese es el único motivo por el cual la sanidad perfecta le pertenece y por el cual usted tiene derecho a reclamar la salud en Su nombre.

Oración: Cuando usted busque la sanidad: **Señor, Tu pusiste mis enfermedades y mis dolores sobre Jesucristo y El los llevó por mí en Su muerte. Como El los sufrió por mí, yo no necesito volver a sufrirlos. Estoy libre. Estoy sanado. Considero como verdad las Escrituras que me enseñan que El llevó mis enfermedades. Reclamo mi salud ahora mismo.**

5. **Usted está necesitado.** Confronta imposibilidades. Está desesperado. El diablo le atormenta. Llora y suplica. Tiene miedo. Pide a Dios que le supla sus necesidades porque sabe que sólo El es su fuente de provisión.

   La Provisión: *Mi Dios, pues, te dará todas las cosas que te falten, conforme a las gloriosas riquezas que tiene en Cristo Jesús* Filipenses 4:19 Versión Popular Dios Habla Hoy Dios se revela a Sí mismo como el Gran Proveedor y mirando al calvario promete a Abraham: El Señor proveerá. Génesis 22:8 El proveyó todo lo que usted pueda requerir o desear, cuando en la Cruz hizo provisión para su redención completa. Puesto que Cristo murió por usted y toda la humanidad, *¿cómo* (Dios) *no nos dará también con él todas las cosas?* Romanos 8:32 *Todo es vuestro, y vosotros de Cristo, y Cristo de Dios.* 1 Corintios 3:22-23

   Bases para la Fe: Cristo se vació a Sí mismo en el altar de la cruz, a fin de darle todo lo que Dios posee. Ese es el único motivo por el cual El suple todas sus necesidades y por el cual usted jamás debe temer a sufrir de escasez.

Oración: Cuando usted esté necesitado: **Señor, Tú diste a Cristo para que muriera en mi lugar. Su muerte me ha hecho Tu hijo o hija. Cuando diste a Jesucristo por mí, también con El me diste todas las cosas libremente. Por tanto, todo lo que Tú tienes es mío. Reclamo todo lo que mis necesidades presentes requieren, porque Cristo murió para que yo pueda gozar de plenitud y abundancia.**

6. **Usted necesita la Presencia de Dios.** Usted se encuentra solo. Se siente lejos de Dios. Se siente desamparado e inseguro. Necesita a un amigo que esté más unido a usted que su propio hermano o hermana.

La Provisión: *Jehová está allí* (o presente).[Ezequiel 48:35] El dice: *No te dejaré, ni te desampararé.*[Hebreos 13:5] Esta bendición es provista por medio de la muerte de Cristo, por la cual *hemos sido hechos cercanos por su sangre.*[Efesios 2:13] Fue El quien nos dejó con esta promesa: *He aquí yo estoy con vosotros todos los días.*[Mateo 28:20]

Bases para la Fe: Cristo derramó Su sangre para traerle a usted a Dios. Ese es el único motivo por el cual puede reclamar que la presencia de Dios le acompañe y a la vez asegurarse que jamás estará solo ni desamparado. El es su amigo. Cristo vino para estar cerca de usted. El está allí a su lado.

Oración: Cuando usted pide Su presencia:

Señor, sé que Cristo me ha acercado a Ti por Su sangre. El quita mis pecados. Por tanto, puedo descansar seguro teniendo Tu presencia. Su sangre confirmó el que yo pueda estar cerca de Ti. Ahora estoy seguro de tener Tu presencia porque Tú estás siempre conmigo. Ya no estoy solo. Tú estás a mi lado.

7. **Usted necesita la Victoria.** Usted vive en una guerra. Lucha contra el enemigo. Tambalea ante sus golpes y teme a la derrota. Ora desesperadamente pidiendo ayuda al Señor. Necesita obtener la victoria en sus batallas.

La Provisión: *Jehová es mi bandera* – es mi victoria, o mi capitán.[Exodo 17:15BV] Cuando Cristo triunfó sobre principados y potestades,[Colosenses 2:15] El nos proveyó el derecho de poder exclamar: *Gracias sean dadas a Dios, que nos da la victoria por medio de nuestro Señor Jesucristo.*[1 Corintios 15:57] Su muerte conquistó a todo enemigo. *El nos ha librado de la potestad de las tinieblas, y trasladado al reino de su amado Hijo*[Colosenses 1:13] Su muerte estableció su victoria eterna. Satanás jamás se enfrentará a la cruz; allí fue derrotado.

Bases para la Fe: Cristo murió para conquistar a Satanás y triunfar sobre su reino de demonios. Ese es el único motivo por el cual usted jamás debe temer a los demonios y por el cual puede reclamar la victoria en todo combate.

Oración: Cuando usted busque la victoria: **Señor, sé que Cristo triunfó sobre Satanás y todo su principado. Sé que El se levantó**

como Triunfador. Su victoria es mi victoria. Reclamo mis derechos en El. Me apoyo en mi fe en El. Levanto mis manos en triunfo. Mis batallas fueron ganadas en la cruz. No tengo miedo. Descanso en Su triunfo; Satanás fue derrotado. Cristo es Vencedor. Mi guerra ha concluido. ¡Cristo es el Señor!

Es una gran tragedia que los cristianos hoy en día no entiendan los hechos incluidos en la muerte sustitutiva de Cristo. El no murió por Sí mismo, sino que murió por usted. El no tuvo que llevar Sus propios pecados porque nunca cometió pecado; El llevó los pecados suyos.

El no conquistó a Satanás ni triunfó sobre él para Sí mismo; lo hizo por usted. El no derramó Su sangre para acercarse a Dios. Es usted quien se acerca a Dios por medio de Su sangre de la cruz.

El no se vació a Sí mismo en el altar de la cruz para suplir Sus propias necesidades. Lo hizo de modo que usted disfrutara de todo lo que Dios posee y que jamás le faltara nada. El jamás estuvo enfermo; llevó sus enfermedades y le sanó a usted.

La cruz no es el triunfo del cielo sobre Satanás, sino que es el triunfo de usted sobre Satanás. Dios no necesitaba triunfar sobre Satanás. Era usted quien había pecado y necesitaba la redención. Para que Dios pudiera lidiar de manera justa con Satanás y pudiera darle a usted una redención con justicia, El dio a Su Hijo y dispuso que sufriera todo el castigo que usted pudiera merecer por sus pecados, y todas las consecuencias que Satanás intentara poner sobre sus nuevos esclavos: la raza humana. Cristo lo llevó todo sobre Sí mismo, por usted. Entonces, usted fue triunfantemente resucitado con El Colosenses 2:12-13; 3:1-2 Su victoria fue por usted. Ahora está redimido y libre del pecado. Ahora usted es más que vencedor; tiene paz, no tiene escasez y usted está sanado.

Cuando se acerque a Dios en oración, no lo haga como un limosnero porque usted es ahora Su hijo o hija.

Usted no recibirá las bendiciones por la cuales Cristo murió y proveyó si ignora la cruz y lo que El sufrió para pagar por ellas.

Por eso deseo que comprenda que la base para que la oración sea contestada está en el reconocimiento de que el único motivo por el cual usted puede esperar recibir bendiciones de Dios es porque Cristo murió para pagarlas. Puesto que fueron provistas por Su muerte, entonces son suyas.

Capítulo 13

Cómo practicar la presencia de Cristo

PUESTO QUE HA recibido a Cristo y El ha venido a morar en su vida, Juan 14:23 comience a practicar el estar consciente de Su presencia con usted y en usted. Cuando El se establece como asociado suyo realmente comienza usted a vivir la buena vida.

Le ha rendido su vida a Jesucristo. Ahora sabe que El está con usted y en usted.

Porque *habéis muerto, y vuestra vida está escondida con Cristo en Dios,* Colosenses 3:3 *Cristo es vuestra vida* Colosenses 3:4 De modo que debe reconocer Su presencia en cuatro formas diferentes:

No piense nada que no pensaría si usted estuviera sintiendo genuinamente la forma de Cristo pensar operándose en su mente.

Porque la mente puesta en la carne es muerte, ya que la mente puesta en la carne es enemiga de Dios, porque no se sujeta a la ley de Dios, pues ni siquiera puede hacerlo. Romanos 8:6-7 BA

No os adaptéis a este mundo, sino sed transformados por medio de la renovación de vuestra mente, para que verifiquéis qué es la voluntad de

Dios: lo que es bueno, aceptable y perfecto. Romanos 12:2 BA

Renovaos en el espíritu de vuestra mente, y vestíos de la nueva creación creada en la justicia y santidad de verdad. Efesios 4:23-24

Tengan ustedes la misma manera de pensar que tuvo Cristo Jesús. Filipenses 2:5 - Versión Popular Dios Habla Hoy

Todo lo que es verdadero, todo lo bueno, todo lo honesto, todo lo justo, todo lo puro, todo lo amable, todo lo que es de buen nombre; si hay virtud alguna, si algo digno de alabanza, en esto pensad, Filipenses 4:8 *porque nosotros tenemos la mente de Cristo.* 1Corintios 2:16

No diga lo que no quisiera que Jesucristo le oyera decir.

Delante de Dios, hablamos en Cristo. 2Corintios 2:17

David dijo: *Hablaré de sus testimonios, y no me avergonzaré.* Salmo 119:46 *Hablará mi lengua tus dichos.* Salmo 119:46 *La alabanza de Jehová proclamará mi boca.* *Salmo 119:172*

Pablo dijo: *Creí, por lo cual hablé; nosotros también creemos, por lo cual también hablamos.* Salmo 145:21

Aprendemos a creer tanto en la palabra de Dios que la usamos siempre que hablamos. *Cerca de ti está la palabra, en tu boca y en tu corazón. Esta es la palabra de fe que predicamos (o hablamos).* Romanos 10:8 *Es por medio de la palabra de ellos que han vencido al acusador.* Apocalipsis 12:11

Cristo dijo: Porque de la abundancia del corazón habla la boca. La persona buena, del buen tesoro del corazón saca buenas cosas; y la persona mala, del mal tesoro saca malas cosas. Mas os digo que toda palabra ociosa que tú hables, de ella darás cuenta en el día del juicio. Porque por tus palabras serás justificado, y por tus palabras serás condenado.[Mateo 12:34-37] (Asegúrese de estudiar los capítulos 14 y 15 de este libro).

Solamente que vuestra conversación sea digna del evangelio de Cristo[Filipenses 1:27] Usted debe hablar sólo lo que está de acuerdo con la palabra de Dios. Esté consciente de la presencia de Cristo en todo lo que dice. El está presente; déjelo hablar por medio de usted.

Sea vuestra palabra siempre con gracia, sazonada con sal, para que sepáis cómo debéis responder a cada persona[Colosenses 4:6] Use *palabra sana irreprochable.*[Tito 2:8]

Jesucristo dijo: *A quienquiera, pues, que me confiese delante de la gente, yo le confesaré delante de mi Padre que está en los cielos.*[Mateo 10:32]

No vaya a ningún lugar donde Jesucristo no pueda ir con usted ni ser bienvenido como su compañero.

Cristo se ha hecho parte integral de su vida. El dijo: *He aquí yo estoy con vosotros hasta el fin.*[Mateo 28:20] *Habitaré y andaré entre ellos, y seré su Dios, y ellos serán mi pueblo.*[2 Corintios 6:16] Por tanto, no avergüence a su Señor. El le ama y valora su compañía. El le dice: *Si me amas, guardarás mi palabra; y mi Padre te amará, y vendremos a ti, y haremos morada en ti*[Juan 14:23]

Poned la mira en las cosas de arriba, no en las de la tierra. Porque habéis muerto, y vuestra vida está escondida con Cristo en Dios... Cristo es vuestra vida[Colosenses 3:2-4]

Por lo cual, salid de en medio de ellos, y apartaos, dice el Señor, y no toquéis lo inmundo; y yo os recibiré. Amados, puesto que tenemos tales promesas, limpiémonos de toda contaminación de carne y de espíritu, perfeccionando la santidad en el temor de Dios.[2 Corintios 6:17; 2 Corintios 7:1]

Y tú también, que eras en otro tiempo un ser humano extraño y enemigo en tu mente, haciendo malas obras, ahora te ha reconciliado en su cuerpo de carne, por medio de la muerte, para presentarte santo y sin mancha e irreprensible delante de él; si en verdad permaneces fundado y firme en la fe, y sin moverte de la esperanza del evangelio que has oído.[Colosenses 1:21-23]

El Señor ha prometido ser *un pronto auxilio en las tribulaciones*[Salmo 46:1] y dice: *No te desampararé, ni te dejaré*[Hebreos 13:5] así que jamás vaya a ningún lugar al cual su Señor Jesús no pueda acompañarle ni a donde no quiera que El le vea.

El es un amigo más unido que un hermano o una hermana[Proverbios 18:24] y quiso tanto tener la compañía suya que murió por sus pecados a fin de poder redimirle y regresarle a la comunión con El. De modo que usted sólo debe ir a lugares en los cuales se sienta orgulloso de invitarlo a El para que lo acompañe como su mejor Amigo.

No haga nada que no haría si Cristo estuviera frente a usted mirando como lo hace.

Porque la gracia de Dios se ha manifestado para salvación a todos los seres humanos, enseñándonos que, renunciando a la impiedad y a los deseos mundanos, vivamos en este siglo sobria, justa y piadosamente, aguardando la esperanza bienaventurada y la manifestación gloriosa de nuestro gran Dios y Salvador Jesucristo, quien se dio a sí mismo por nosotros para redimirnos de toda iniquidad, y purificar para sí un pueblo propio, celoso de buenas obras.[Tito 2:11-14]

Debes estar dispuesto a toda buena obra.[Tito 3:1] *Quiero que quienes creen en Dios procuren ocupar-*

*se en buenas obras. Estas cosas son buenas y útiles,*Tito 3:8 *para que anunciéis las virtudes de aquel que os llamó de las tinieblas a su luz admirable.*1 Pedro 2:9

*Sean ricos en buenas obras.*1Timoteo 6:18

*Presentándote tú en todo como ejemplo de buenas obras*Tito 2:7

*Poderoso es Dios para hacer que abundes en toda gracia, a fin de que, teniendo siempre en todas las cosas todo lo suficiente, abundes para toda buena obra*2Corintios 9:8 Pablo oró pidiendo que *los hijos o hijas de Dios sean perfectos, enteramente preparados para toda buena obra,*2Timoteo 3:17 y alentó a cada creyente para que *se limpie* (de cosas deshonrosas, de manera que sea) *instrumento santificado, útil al Señor, y dispuesto para toda buena obra*2 Timoteo 2:20-21 porque El dijo que el sello del fundamento del Señor es: *Conoce el Señor a quienes son suyos; y apártese de iniquidad toda persona que invoca el nombre de Cristo.*2Timoteo 2:19

*Porque escrito está: Vivo yo, dice el Señor, que ante mí se doblará toda rodilla, y toda lengua confesará a Dios. De manera que cada uno de vosotros dará a Dios cuenta de sí.*Romanos 14:11-12

Cristo realmente vive en usted, por consiguiente El expresa Su vida por medio suyo. Su cuerpo es templo de Dios;1Corintios 6:19 la mente del Señor es su mente;1Corintios2:16 su amor se manifiesta a través de usted, sus emociones y afectos vienen a ser suyos.2Corintios 5:14 Todo esto acontece al usted *vestirse del Señor Jesucristo,*Romanos 13:14; Gálatas 3:27 como resultado de que *El es quien en usted produce el hacer, por su buena voluntad.*Filipenses 2:13

Así que, al ir creciendo en la buena vida, se irá capacitando para practicar la presencia de Jesucristo con usted y en usted en las siguientes formas básicas:

1. Pensando como Cristo pensaría a través de usted.

2. Hablando como Cristo hablaría por sus labios.

3. Yendo a donde Jesucristo iría con usted.

4. Haciendo como Cristo haría por medio suyo.

Cristo está presente en su vida en todo momento. Como usted es Su cuerpo, El quiere expresarse a Sí mismo y llevar a cabo Su misión de amor a otros, por medio de usted. Practique el dejar que El lo haga.

Una vez vi un cuadro de Cristo con una mano levantada hacia el cielo y con la otra extendida hacia la gente necesitada que estaba reunida a Su alrededor. Esa es la realidad en Cristo. Aprendemos que así como Jesucristo es el puente de Dios para llegar a la humanidad, nosotros somos ahora Su puente para llegar a los demás, porque *en él vivimos, y nos movemos, y somos*[Hechos 17:28] *y El utiliza nuestras facultades para expresarse a Sí mismo a la gente. Dejamos que El use nuestras manos y cuerpos para cumplir Sus propósitos.*

El sólo tiene nuestras manos
Para realizar su trabajo hoy.
El sólo tiene nuestros pies
Para guiarnos en su camino.
El sólo tiene nuestra lengua
Para decir al mundo que El murió.
El sólo tiene nuestra ayuda
Para traer a los demás a su lado.

4ª PARTE

PALABRAS CORRECTAS PARA LA BUENA VIDA

SUS PENSAMIENTOS son las semillas de su vida. Las palabras que dice son el método que usted utiliza para sembrar esas semillas.

Las palabras que usa establecen su nivel de vida.

Su vida siempre estará al nivel de su conversación.

Con sus palabras, usted constantemente dibuja un cuadro ante el público de lo que usted realmente es en su interior.

Siempre va a hablar según lo que verdaderamente cree.

Usted puede descubrir cómo hablar para llegar a la cumbre de la vida y triunfar con Dios.

Capítulo 14

Cómo hablar para llegar a la cumbre

NADA ES MAS importante para vivir la buena vida que aprender o tener el lenguaje correcto.

Al cristianismo también se le llama una confesión. Hebreos 10:23 - Versión Revisada en Inglés

Pablo enfatizó dos cosas esenciales en nuestra "profesión" o "confesión": 1) Lo que creemos: *Porque con el corazón se cree para justicia*, y 2) Lo que decimos acerca de lo que creemos: *Con la boca se confiesa para salvación.* Romanos 10:10

Jesucristo confesó quién era. Nosotros debemos confesar quiénes somos en El. Constantemente debemos creer y confesar lo siguiente:

Que estamos redimidos. Apocalipsis 5:9; 1 Pedro 1:18

Que nacimos de nuevo. Juan 1:12-13; Juan 3:7; 1 Pedro 1:23

Que tenemos una nueva naturaleza. 2 Corintios 5:17; Gálatas 6:15; Efesios 4:22-24; Colosenses 3:9-10

Que nuestra redención es un hecho real. Efesios 1:7; Colosenses 1:14; Hebreos 9:12

Que estamos sanados. Isaías 53:4-5; 1 Pedro 2:24; Exodo 15:26

Que todas nuestras necesidades están suplidas. Filipenses 4:19; Salmo 84:11; 2 Corintios 9:8

Que no tenemos miedo. Josué 1:9; Salmo 27:1-3; 56:11; 23:4; 91:1-7, 9-12; Isaías 41:10

Que Cristo vive en nosotros. 2 Corintios 6:16; Juan 14:23; Gálatas 2:20; Juan 17:23; Colosenses 1:27

Que El es nuestra fortaleza, nuestro proveedor, nuestro sanador y nuestro guardador. Filipenses 4:13; Salmo 31:19; Exodo 15:26; 2 Timoteo 1:12; 2 Tesalonicenses 3:3; Judas 24

Que estamos liberados del poder de Satanás. Colosenses 1:12-14; Job 5:19; Deuteronomio 6:27; 2 Corintios 1:10

Que estamos participando de la nueva naturaleza. 2 Pedro 1:4; 1 Corintios 10:16-17; Colosenses 1:12; Hebreos 3:14

Que tenemos la justicia de Jesucristo. Romanos 5:17; Filipenses 3:9; 1 Corintios 1:30

Que ya no estamos bajo condenación. Romanos 8:1; Juan 5:24

Que estamos justificados. Romanos 5:24; Gálatas 3:24

Que somos más que vencedores. Romanos 8:37

Que ya no estamos más bajo el dominio de Satanás. Colosenses 1:12-14; Lucas 10:19

Que la derrota y el fracaso son cosas del pasado. Efesios 2:1-6; 2 Corintios 5:17

Que estamos conectados con Dios. Efesios 2:6; Colosenses 2:9-10

Que El es nuestro asociado, compañero y amigo en la vida. Proverbios 18:24; Juan 15:13-16; Juan 17:21-23

Que somos salvos. Hechos 2:21; Efesios 2:8; 2 Timoteo 1;9; Tito 3:5

Que tenemos la buena vida. Juan 10:10; 2 Pedro 1:3-4

En estos próximos dos capítulos, usted encontrará referencias bíblicas para apoyar todas estas confesiones. Apréndalas, márquelas en su Biblia y hágalas parte de su conversación.

Miles de cristianos constantemente niegan la buena vida y viven muy por debajo de sus privilegios en Cristo debido a que retienen sus antiguas confesiones. Las palabras que usa tienen fuerza para controlarle y dominarle, porque ellas expresan sus pensamientos que son las semillas de su vida.

Aprenda a pensar en la buena vida y hable y confiese la buena vida. Más pronto de lo que ha soñado, sus acciones expresarán sus pensamientos y palabras y comenzará a vivir la buena vida.

El proceso tiene siempre las siguientes etapas: 1) Pensamientos, 2) Palabras, 3) Hechos.

Ahora que usted ha nacido de nuevo, nunca vuelva a pensar ni a hablar según el nivel de la vida antigua. *Las cosas viejas pasaron;* 2 Corintios 5:17 cambie sus pensamientos y sus palabras. Isaías 55:7-8

Si usted observa detenidamente, notará que siempre que piense y hable negativamente, actuará negativamente.

Una vez usted dijo que no tenía fe y, en ese momento, la duda se levantó cual gigante y le dominó. Quizás nunca antes había reconocido que sus palabras lo gobiernan.

Salomón dijo: *Te has enlazado con las palabras de tu boca, y has quedado preso en los dichos de tus labios.* Proverbios 6:2

Habló de fracasar y el fracaso le dominó. Habló de temor y el temor aumentó hasta apoderarse de usted.

Primero debemos llenar nuestros corazones con la palabra de Dios; luego confesemos esa palabra hasta que se haga parte integral de nuestra propia naturaleza.

Así nuestros corazones y labios armonizarán con las palabras del Padre.

David lo reconoció cuando oró: *¡Pon, oh Jehová, guarda a mi boca! Vigila la puerta de mis labios.* Salmo 141:3

Sean gratos los dichos de mi boca y la meditación de mi corazón delante de ti, oh Jehová, roca mía, y redentor mío. Salmo 19:14

Quienes vencieron al diablo, lo hicieron *por medio de la sangre del Cordero y la palabra del testimonio de ellos;* Apocalipsis 12:11 esto es, las Escrituras que citaron al dar sus testimonios.

¿Ha notado lo que Juan dijo? *Para esto apareció el Hijo de Dios, para deshacer las obras del diablo.* 1 Juan 3:8 *Despojando a los principados y a potestades, los exhibió públicamente, triunfando sobre ellos en la cruz.* Colosenses 2:15

Según estas citas bíblicas, Cristo ha destruido las obras del diablo, ha despojado su poder y ha triunfado sobre él. Siendo que las obras de Satanás han sido destruidas, su poder ha sido despojado y ha sido vencido, entonces es un enemigo derrotado.

El triunfo de Cristo fue nuestro triunfo. Su victoria fue nuestra victoria. El no hizo nada para Sí mismo; todo lo hizo por nosotros y por eso ahora somos copartícipes de Su victoria. Efesios 2:5-6; Colosenses 1:12-14

Estábamos cautivos, pero Cristo nos ha liberado de ese cautiverio. Juan 8:32; Romanos 6:22

Estábamos bajo la maldición del pecado y la

enfermedad, pero Cristo, nuestro Redentor, nos ha libertado de esa maldición y nos ha soltado de su dominio. Gálatas 3:13

Eramos débiles, pero el Señor ha sido hecho nuestra fortaleza, de modo que ahora somos fuertes. Salmo 27:1; 28:7; Joel 3:10; 2 Corintios 12:10

Estábamos atados y éramos prisioneros, pero Cristo nos ha libertado de la esclavitud. Juan 8:36; Romanos 8:2

Estábamos enfermos, pero Cristo llevó nuestras enfermedades y las quitó de nosotros, de manera que ahora *por sus heridas somos sanados.* Isaías 53:5; 1 Pedro 2:24

Usted es vencedor y debe confesarlo. Romanos 8:37 Entonces, manténgase firme, sin fluctuar, en la profesión de su fe, porque fiel es El que lo prometió. Hebreos 10:23 - Versión Revisada en Inglés

Cuando Cristo se levantó de entre los muertos, dejó tras Sí a un Satanás derrotado eternamente. Siempre piense en un Satanás derrotado eternamente. Piense en Satanás como alguien sobre quien Jesús, y usted en Jesús, tiene total dominio y autoridad. Efesios 1:19-23; 2:9-11

Estos hechos son eternos. Confiéselos confiadamente. Apóyese en ellos.

Admirar estos hechos en la Biblia y decir que los cree, sin nunca confesarlos confiadamente ni actuar apoyado en ellos, le robará a usted su fe en el momento de la necesidad.

Sabemos que Cristo puso a Satanás y a todo su reino debajo de nuestros pies, y que somos considerados victoriosos por el Padre y Satanás también lo sabe. Hemos sido liberados. Nuestra forma de hablar se hace igual a la de seres sobrenaturales. Hablamos como si fuéramos gente de otro reino, y lo somos: *Linaje escogido, real sacerdocio.* 1 Pedro 2:9 Tenemos autoridad; Dios apoya nuestra posición; actuamos audazmente. Hablamos el lenguaje de Dios de la misma manera como los incrédulos hablan de sus temores.

Confesamos lo que somos en Cristo. Confesamos que somos redimidos, que nuestra redención es un hecho real; que estamos liberados del dominio y de la autoridad de Satanás. Confesamos estos hechos confiadamente, con certeza absoluta, porque sabemos que son verdad.

Confesamos que somos nuevas criaturas 2 Corintios 5:17 vueltos a crear en Cristo Jesús, que somos participantes de Su naturaleza divina. 2 Pedro 1:4

Confesamos que nuestras enfermedades, dolencias, temores, debilidades y fracasos son cosas del pasado.

Una confesión errónea es una confesión de derrota, de fracaso y de la supremacía de Satanás. Hablar de los combates con el diablo, de cómo él le ha estorbado, cómo le está atando, le está esclavizando, oprimiéndole con problemas y manteniéndole enfermo, son confesiones de derrota.

Mientras no se salga de sus confesiones de debilidad, enfermedad y derrota, usted perseverará en las mismas; buscará por años que un siervo o una sierva de Dios haga la oración de fe por usted, pero no le será de provecho, porque su incredulidad destruirá los efectos de esa fe.

Cada vez que usted confiese la debilidad o el fracaso, magnifica al adversario por encima del Padre. Destruye su propia confianza en la palabra de Dios. Estudie la Biblia hasta que conozca cuáles son sus derechos y privilegios. Entonces *manténgase firme en su confesión.* Hebreos 10:23 - Versión Revisada en Inglés

Confiese la obra de Cristo consumada. Confiese la autoridad que El le da sobre Satanás. El le dice: *He aquí os doy potestad sobre toda fuerza del enemigo, y nada os dañará.* Lucas 10:19

Confiese su supremacía sobre el diablo. Crea que usted es más que vencedor sobre él. El sabe que ya no puede seguir gobernándole. Crea en la palabra de Dios. Sea audaz en su verdad. Confiese sólo lo que Dios dice. Mantenga firme esa confesión. Deje que Su *palabra more en* usted y usted en Su palabra. Juan 15:7-8 - Versión Moderna

Tome este pasaje de las Escrituras por ejemplo: *Si alguien está en Cristo, es nueva criatura.* 2 Corintios 5:17

Esto no significa que somos meramente pecadores perdonados, pobres, débiles, titubeantes pecadores miembros de la iglesia. Lo que quiere decir es que ahora somos nuevas criatura; hemos sido creados en Cristo Jesús, con la vida de Dios, la naturaleza de Dios y la habilidad de Dios dentro de nosotros. Confiese eso.

Las cosas viejas pasaron; he aquí todas son hechas nuevas. 2 Corintios 5:17 Confiéselo. Créalo. Quiere decir que somos nuevos. Todas las cosas son nuevas. Todas las señales antiguas del pecado, de la enfermedad, las dolencias, el fracaso, la debilidad y el miedo han quedado atrás. Ahora tenemos la naturaleza de Dios, Su vida, Su fuerza, Su salud, Su gloria y Su poder; los tenemos ahora mismo.

Permita que estas porciones de las Escrituras se hagan realidad en su vida: *No temas, porque yo estoy contigo; no desmayes, porque yo soy tu Dios que te esfuerza; siempre te ayudaré, siempre te sustentaré con la diestra de mi justicia.* Isaías 41:10

Si Dios es por nosotros, ¿quién contra nosotros? Romanos 8:31

Porciones bíblicas como estas deben ser su confesión cuando se encuentre entre la gente del mundo.

Hijitos, vosotros sois de Dios, y los habéis vencido; porque mayor es el que está en vosotros, que el que está en el mundo. 1 Juan 4:4

Usted se puede enfrentar a la vida valientemente. Sabe que mayor es el que está en usted, que todas las fuerzas que puedan arremeter en su contra; está lleno de gozo y de victoria porque Dios ha tomado sus problemas y los tiene en Sus manos.

Usted no teme a las circunstancias, porque *todo lo puede en Cristo que le fortalece.* Filipenses 4:13 El no es sólo su fortaleza, sino que también El está a su lado y es su salvación. *¿De quién va a temer?* Salmo 27:1 El le ilumina en todos los problemas de la vida de manera que usted pueda actuar inteligentemente. El es su salvación y liberación de toda trampa que el enemigo le ponga, de todo lazo con el cual él trate de amarrarle.

Jehová es su luz y su salvación, ¿de quién temerá (usted)? Salmo 27:1

No le teme a nada. No tiene miedo porque Dios está a su lado. Esa es su confesión.

Mantenga firme la confesión de su fe, sin fluctuar, porque fiel es el que prometió. Hebreos 10:23 - Versión Revisada en Inglés

Recuerde que usted era esclavo de Satanás. Estaba atado por el pecado y el castigo del pecado. Estaba sujeto a la autoridad de Satanás. Pero ahora usted está libre.

El Espíritu del Señor está sobre mí, porque me ungió el Señor; me ha enviado a predicar buenas nuevas, publicar libertad a los cautivos, y a los presos apertura de la cárcel. Isaías 61:1

Confiese su libertad. Crea en su libertad; su redención es un hecho real. Actúe dentro de su libertad. Se le ha concedido perdón pleno; sus prisiones se han abierto; la opresión que sufría ha quedado detrás. Lo que Dios dice es suyo: créalo. confiéselo y actúe apoyado en esa verdad.

Capítulo 15

La maravilla de decir lo que Dios dice

RECUERDE QUE SU fe jamás puede levantarse por encima de su confesión. Las promesas de Dios son hechas reales y vivientes sólo cuando las confesamos. Para disfrutar de la buena vida, usted debe aprender a valorar la palabra de Dios en sus labios.

Usted no puede hablar lo contrario a la palabra de Dios y a la vez obtener Sus bendiciones. Las palabras que usted usa muestran el nivel de su fe; ellas expresan lo que usted realmente cree.

¿Sabía que hay multitud de personas que no logran éxito en la vida debido a que sólo hablan del fracaso? Temen al fracaso; literalmente creen en él.

Su vida siempre mantendrá el mismo nivel que tengan sus palabras. Esta es una de las realidades más sencillas de la vida, sin embargo es un principio practicado por pocas personas. Eso explica el por qué sólo un pequeño porcentaje de personas son verdaderamente exitosas.

Su práctica es hablar y pensar del fracaso, y consecuentemente fracasan.

La Biblia dice mucho acerca del efecto que

tienen las palabras y abunda en ejemplos excitantes de quienes hablan con fe.

Cuando usted *habla* correctamente, adiestra a su mente a *pensar* correctamente y a *actuar* correctamente.

Recuerde este hecho real: Usted no puede levantarse por encima de sus propias palabras. Si habla de derrota, temor, fracaso, ansiedad, enfermedad e incredulidad, va a vivir en ese mismo nivel Este principio es inalterable.

Si la conversación es necia, frívola, poco práctica y desorganizada, su vida invariablemente será idéntica.

Con sus palabras constantemente dibuja un cuadro público de lo que usted es en su interior.

Cristo dijo: *De la abundancia del corazón, habla la boca.*[Mateo 12:34]

Usted habla lo que cree. Si habla de forma descuidada, negativa o confusa, es porque su corazón está exactamente igual.

Si habla de enfermedad, temor, ansiedad y frustración, sus palabras están dibujando el cuadro verdadero de lo que usted realmente cree.

Si su mente y su corazón están llenos con la palabra de Dios, hablará esa palabra.

Lo que confiesa es su verdadera fe hablando. Todo lo que se cree se expresa por lo que se confiesa.

Jesús demandó no sólo que crea en El sino que también le confiese delante de la gente[Mateo 10:32] Usted tiene derecho de decir lo que Dios dice. Si Dios lo dice en Su palabra, entonces usted lo puede confesar, sabiendo que Dios lo cumplirá.

Eso es lo que quiere decir este versículo: *Porque él dijo: No te desampararé, ni te dejaré; de manera que podemos decir confiadamente: El Señor es mi ayudador*[Hebreos 13:5-6] Es por lo que *él dijo* que podemos hablar *confiadamente.*

Porque El dijo: *Al Señor le agrada el bienestar de su siervos,*[Salmo 35:27 - Versión Popular Dios Habla Hoy] y *bienes y riquezas hay en su casa,*[Salmo 112:1,3] puede decir confiadamente: "Sí, Señor, Tú te gozas en bendecirme con abundancia. Tú eres la fuente de toda riqueza y toda fortuna y Tú quieres que las tenga para mi casa".

Porque El dijo: *Yo soy Jehová tu sanador,*[Exodo 15:26] puede decir confiadamente: "Sí, Señor, Tú eres el Dios que me sana".

No permita que ningún pensamiento habite en su mente que contradiga a lo que El dice. Usted va a decir y a pensar confiadamente las mismas cosas.

En lugar de temer a la enfermedad o de estar frustrado por la amenaza de una enfermedad, diga confiadamente: "El Señor me sana". Crealo. Léalo. Reflexione en ello hasta que su corazón rebose con lo que dice Dios lo confirma.

Porque El dijo: *Por sus heridas fuimos sanados,*[Isaías 53:5; 1 Pedro 2:24] puede decir confiadamente: "Sí, Señor, con Tus heridas soy sanado en estos momentos".

Medítelo. Deje que su corazón rebose con esa promesa. Confiéselo y actúe confiando en ello. Porque Dios lo dijo, usted puede decirlo confiadamente y Dios lo cumplirá.

Dios dice acerca de Su propia palabra: *Porque yo Jehová hablaré, y se cumplirá la palabra que yo hable.*[Ezequiel 12:25,28]

Puede contar con que la palabra de Dios se cumple. No falla porque Dios no puede fallar.

La palabra es Dios hablando. La misma revela la mente y la voluntad de Dios; está viva, habita para siempre y jamás pasará. Ella es parte de Dios mismo. Dios no incumple, así que Su palabra no puede quedar incumplida.

Jesús dijo: *La Escritura no puede ser quebrantada.* Juan 10:35

Dios dijo: *Así será la palabra que sale de mi boca; no volverá a mí vacía, sino que hará aquello para lo cual la envié.* Isaías 55:11

Porque Dios ha hablado, puede decir confiadamente lo mismo que El dijo, y estar completamente seguro de que lo tendrá.

Porque El dijo: *Yo he venido para que tenga vida, y la tenga en abundancia,* Juan 10:10 puede decir confiadamente: "Yo tengo vida abundante habitando en mí ahora porque he recibido a Jesucristo".

Porque El dijo: *Buscad primero la expansión del reino de Dios en todo el mundo, y todas estas cosas te serán añadidas,* Mateo 6:33 - Versión Revisada en Inglés puede decir confiadamente: "Todo lo que pueda necesitar en la vida ya es mío, proviene de Cristo, porque estoy comprometido en la Tarea Número 1 de ganar almas para Dios".

Porque El dijo: *Si Dios es por nosotros, ¿quién contra nosotros?* Romanos 8:31 puede decir confiadamente: "Dios es por mí y ni la gente ni los demonios pueden triunfar en mi contra".

Porque El dijo: *Amado, yo deseo que tú seas prosperado en todas las cosas, y que tengas salud, así como prospera tu alma,* 3 Juan 1:2 puede decir confiadamente: "Es mi derecho tener prosperidad y salud, porque estoy prosperando en mi alma".

Porque El dijo: *No temas, porque yo estoy contigo; no desmayes, porque yo soy tu Dios,*Isaías 41:10 puede decir confiadamente: "Ya no vivo atemorizado porque Dios está siempre conmigo".

Porque El dijo: *Jehová te bendecirá con grandes cosechas y ganado sano, y te prosperará en todo lo que hagas,*Deuteronomio 28:8,11 BV puede decir confiadamente: "Dios me está bendiciendo en lo que hago y tendré éxito y prosperaré en todo aquello en lo que yo ponga las manos, porque Dios no puede dejar de respaldar Su palabra".

Porque El dijo: *Conocerás la verdad, y la verdad te hará libre,*Juan 8:32 puede decir confiadamente: "Quedo libre, porque conozco a Jesucristo que es Su Verdad bendecida".

Porque El dijo: *Diga quien es débil: Fuerte soy*Joel 3:10 puede decir confiadamente: *Todo lo puedo en Cristo que me fortalece.*Filipenses 4:13

Porque El dijo: *Mi Dios, pues, suplirá todo lo que os falta conforme a sus riquezas en gloria en Cristo Jesús,*Filipenses 4:19 puede decir confiadamente: "Dios conoce todas mis necesidades y El las está supliendo ahora, y tengo una fuente de abastecimiento ilimitada así como son ilimitadas las riquezas de Cristo Jesús".

Porque El dijo: *Resistid al diablo y de vosotros huirá,*Santiago 4:7 puede decir confiadamente: "El diablo está huyendo de mi vida, porque lo estoy resistiendo firmemente en el nombre de Jesucristo".

Porque El dijo: *El mismo llevó nuestras enfermedades y llevó nuestras dolencias,*Mateo 8:17 puede decir confiadamente: "Estoy libre de toda debilidad y toda enfermedad, porque Cristo las llevó por mí".

Porque El dijo: A cualquiera pues, que me confesare delante de los hombres, yo también le confesaré delante de mi Padre,[Mateo 10:32] puede decir confiadamente: "Cristo me está confesando ahora mismo delante del Padre, porque yo lo estoy confesando delante de las demás personas".

Porque El dijo: *El que levantó de los muertos a Cristo Jesús vivificará también vuestros cuerpos mortales por su Espíritu que mora en vosotros,*[Romanos 8:11] puede decir confiadamente: "Dios está ahora vivificando mi cuerpo mortal por el mismo Espíritu que levantó a Jesús de los muertos, porque Su Espíritu mora en mí; por lo tanto, estoy libre de la debilidad y la enfermedad".

Porque El dijo: *Quienes buscan a Jehová no tendrán falta de ningún bien,*[Salmo 34:10] puede decir confiadamente: "Dios no puede permitir que me falte nada bueno. El cuida de mí y suple todas mis necesidades, porque yo lo busco a El con todo mi corazón".

Porque El dijo: *No nos ha dado Dios espíritu de cobardía, sino de poder, de amor y de dominio propio,*[1 Timoteo 1:7] puede decir confiadamente: "Estoy libre de todo temor, pues mi Dios me ha dado poder, amor y una mente sana".

Porque El dijo: *Dad, y se os dará; medida buena, apretada, remecida y rebosando,*[Lucas 6:38] puede decir confiadamente: "El Señor está amontonando mis bendiciones, pues yo estoy dando para El y para Su obra".

Porque El dijo: *Sobre la gente enferma pondrás tus manos, y sanarán,*[Marcos 16:18] puede decir confiadamente, en el momento en que ponga las manos sobre alguien enfermo: "Se está sanando porque estoy actuando apoyado en la palabra de Dios".

Porque El dijo: *En mi nombre echarás fuera demonios*Marcos 16:17 puede decir confiadamente: "Los demonios están saliendo porque les he ordenado que salgan en el nombre de Jesucristo".

Porque El dijo: *Cuando venga el enemigo como río, el Espíritu de Jehová levantará bandera contra él,*Isaías 59:19 puede decir confiadamente: "Cada vez que el enemigo esté poniendo su presión en mi contra, el Espíritu de Dios estará levantando una poderosa bandera en mi defensa. ¡Gloria al Señor porque El tiene mi situación en Sus manos!"

Porque El dijo: *El Dios tuyo, a quien continuamente sirves, te libra,*Deuteronomio 6:16 puede decir confiadamente: "Dios es quien me libra en todo momento porque constantemente le sirvo".

Porque El dijo: *Bendito el Señor: cada día nos colma de beneficios,*Salmo 68:19 puede decir confiadamente: "Yo te alabo, Señor, porque estás llenando mi vida con Tu abundancia de bendiciones y de cosas buenas".

Porque El dijo: *Cercano está el Señor a todos los que le invocan de veras,*Salmo 145:18 puede decir confiadamente: "El Señor está cerca de mí ahora, pues yo lo invoco y clamo a El".

Porque El dijo: *Jehová peleará por vosotros, y estaréis tranquilos,*Exodo 14:14 puede decir confiadamente: "Yo sé que Dios está peleando por mí y me mantengo firme y tranquilo. Todas mis batallas las he puesto en Sus manos".

Porque El dijo: *Todo lo puedo en Cristo que me fortalece,*Filipenses 4:13 puede decir confiadamente: "Nada es imposible para el Señor y yo juntos porque El ahora vive en mí y El es quien está haciendo Su labor en mí en este momento".

Porque El dijo: *Mas al Señor nuestro Dios serviréis, y él bendecirá tu pan y tus aguas; y yo quitaré toda enfermedad de en medio de ti,*Exodo 23:25 puede decir confiadamente: "Se me quita la enfermedad; mi pan y mis aguas están bendecidos, porque estoy sirviendo al Señor mi Dios".

Porque El dijo: *Antes que clames, responderé yo; mientras aún hablas, yo habré oído,*Isaías 65:24 puede decir confiadamente: "El Señor está contestando mis oraciones en estos mismos momentos mientras clamo a El; de hecho, El estaba dándome la contestación antes de que yo empezara a orar".

Porque El dijo: *En todas estas cosas soy más que vencedor por medio de aquel que me amó,*Romanos 8:37 puede decir confiadamente: "Soy vencedor y un triunfador porque Cristo que me amó está dentro de mí ahora y ningún mal puede derrotarlo a El que mora en mí".

Porque El dijo: *Jesucristo es el mismo ayer, y hoy, y por los siglos,*Hebreos 13:8 puede decir confiadamente: "El Señor hará hoy por mí exactamente lo mismo que ha hecho por otras personas, porque El permanece el mismo para siempre".

Porque El dijo: *Vé, y como creíste, te sea hecho,*Mateo 8:13 puede decir confiadamente: "Me he encaminado hacia lo que he pedido; he orado y he creído; la respuesta vendrá exactamente como la estoy esperando".

Porque El dijo: *Ninguna condenación hay para quienes están en Cristo Jesús*Romanos 8:1 puede decir confiadamente: "Estoy para siempre libre de toda culpa y condenación delante de Dios, porque ahora estoy viviendo en Cristo Jesús".

Haga que la palabra de Dios sea la norma para su vida. Enséñese a decir lo que El dice. Más pronto de lo que usted se imagina, su vida comenzará a levantarse al nivel que Su palabra esté en su corazón y en sus labios.

Dios está en Su palabra. Cuando la confiese, El hará que se cumpla. Podrá dominar cualquier situación, pues Dios está a su lado. Usted se está alineando junto a Su palabra. El se pone de parte suya para confirmar Su palabra, y su enemigo cae derrotado.

Porque El dijo: *Nunca te dejaré ni te abandonaré,* Hebreos 13:5-6 - Versión Popular Dios Habla Hoy puede decir confiadamente: "El Señor es mi ayudador. Y *si Dios está de mi parte, ¿quién podrá estar contra mí?*" Romanos 8:31 BV

Porque El ha hablado, sabe que puede declarar confiadamente: Será como El dice, porque El *no ha dejado de cumplir ninguna de las buenas promesas que hizo.* 1 Reyes 8:56 - Versión Popular Dios Habla Hoy

"Oye, hijo mío, y recibe mis razones, Y se multiplicarán años de BUENA VIDA. Retén el consejo, no lo dejes; guárdalo, porque eso es tu VIDA" (Pr. 4:10,13).

"¡Cuán preciosa, oh Dios, es tu misericordia!... (para aquellos que) se amparan bajo la sombra de tus alas. Serán completamente saciados de la grosura de tu casa, y tú los abrevarás del torrente de tus delicias. Porque contigo está el manantial de la VIDA" (Sal. 36:7-9).

Descubra SU Buena Vida; viva en armonía con Dios; comprenda sus ideas. Trabaje sus proyectos. Vea la VIDA como El la ve.
Descubra quién es usted y su propio valor. Véase a sí mismo como Dios lo ve; viva interesado en sus planes. El cree en usted y atesora SU compañia.

Por más de medio siglo, T.L. y Daisy Osborn han compartido con multitudes en 73 naciones los principios de la Buena Vida para la cual Dios creó la humanidad. Se cree que los dos, como mensajeros de las Buenas Nuevas, han proclamado el evangelio de Jesucristo a más personas no cristianas y han visto un mayor número de conversiones, que ninguna otra pareja en el mundo. Cada programa en sus ministerios mundiales se dirige a las mujeres y a los hombres por igual y hace énfasis en las Buenas Nuevas que Cristo ha traído, "para que tengan VIDA y la tengan en abundancia" (Jn. 10:10).

CRUZADA OSBORN en Ponce, Puerto Rico

CRUZADA OSBORN en Lumbashi, Zaire

CRUZADA OSBORN en Gabanatuan, Luzon

CRUZADA OSBORN en Kampala, Uganda

CRUZADA OSBORN en Madurai, India

CRUZADA OSBORN en Lagos, Nigeria

CRUZADA OSBORN en Yacarta, Java

CRUZADA OSBORN en San Fernando, Trinidad

Este hombre hindú había estado ciego por más de 10 años. El escucha el evangelio del amor de Cristo por primera vez durante la histórica cruzada de T.L. y Daisy en Hyderabad, India, a la cual asistieron más de 300.000 personas a todas las grandes reuniones públicas. El acepta a Jesús como su Señor y Salvador y su visión es milagrosamente restaurada. Daisy se regocija con él cuando mira a la multitud presente.

Este hombre nació sordomudo. En la cruzada de los Osborn en Hyderabad, él vio que las personas se sanaban en todas las reuniones. Siguió a los Osborn hasta su carro todas las noches. En el lenguaje de signos ellos lo animaron. Ahora, ha sido milagrosamente curado. Grita tan fuerte como puede, asombrado de escuchar su propia voz. Con gran emoción y lágrimas de gozo, abraza a T.L. para agradecerle por su milagro.

CRUZADAS MASIVAS DE MILAGROS REALIZADAS ALREDEDOR DEL MUNDO POR T.L. Y DAISY OSBORN

Las Cruzadas Masivas de los Osborn han traído nueva fe, esperanza y amor a millones de personas en más de 70 naciones. Continuamente salen a parques públicos, estadios y campos abiertos para proclamar el evangelio, donde personas de todas las creencias pueden asistir y ver, por sí mismos, cómo el evangelio funciona hoy y es confirmado por el poder de Cristo mediante señales y milagros.

CRUZADA EN EL PACIFICO SUR en Surabaya, Indonesia

CRUZADA EN EUROPA, La Haya, Holanda

CRUZADA EN AFRICA, Uyo, Nigeria

CRUZADA en Suramérica, Bogotá, Colombia

CRUZADA en Asia, Hyderabad, India

Cruzada de T.L. y Daisy Osborn en Kampala, Uganda

"Tras él marchaba una inmensa multitud que lo seguía a dondequiea que iba, ansiosa de presenciar la curación de algún enfermo" (Jn. 6:2).

"En vista de los milagros que Jesús realizó en Jerusalén, muchas personas quedaron convencidas que en verdad era el Mesías" (Jn. 2:23).

"Y por la mano de los apóstoles se hacían muchas señales y prodigios realizando milagros extraordinarios entre el pueblo... el número de hombres y mujeres que creían en el Señor aumentaba constantemente" (Hch. 5:12,14).

El doctor T.L. Osborn y la doctora Daisy Osborn "enseñan y predican el evangelio del reino" en el estadio Lugogo en Kampala.

Daisy enseña a miles de mujeres africanas durante su Seminario Nacional del Ministerio de la Mujer en la provincia de Nyanza en Kenya.

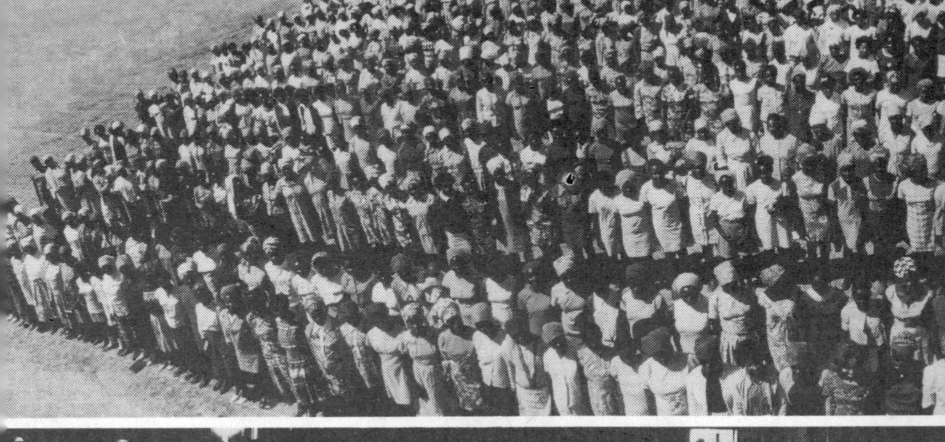

Daisy Osborn dirige una reunión nacional masiva de mujeres en Kampala, a la cual asisitieron más de 200.000 mujeres, además de hombres y niños.

Daisy dirige una Conferencia Nacional de la Mujer en Accra, Ghana.

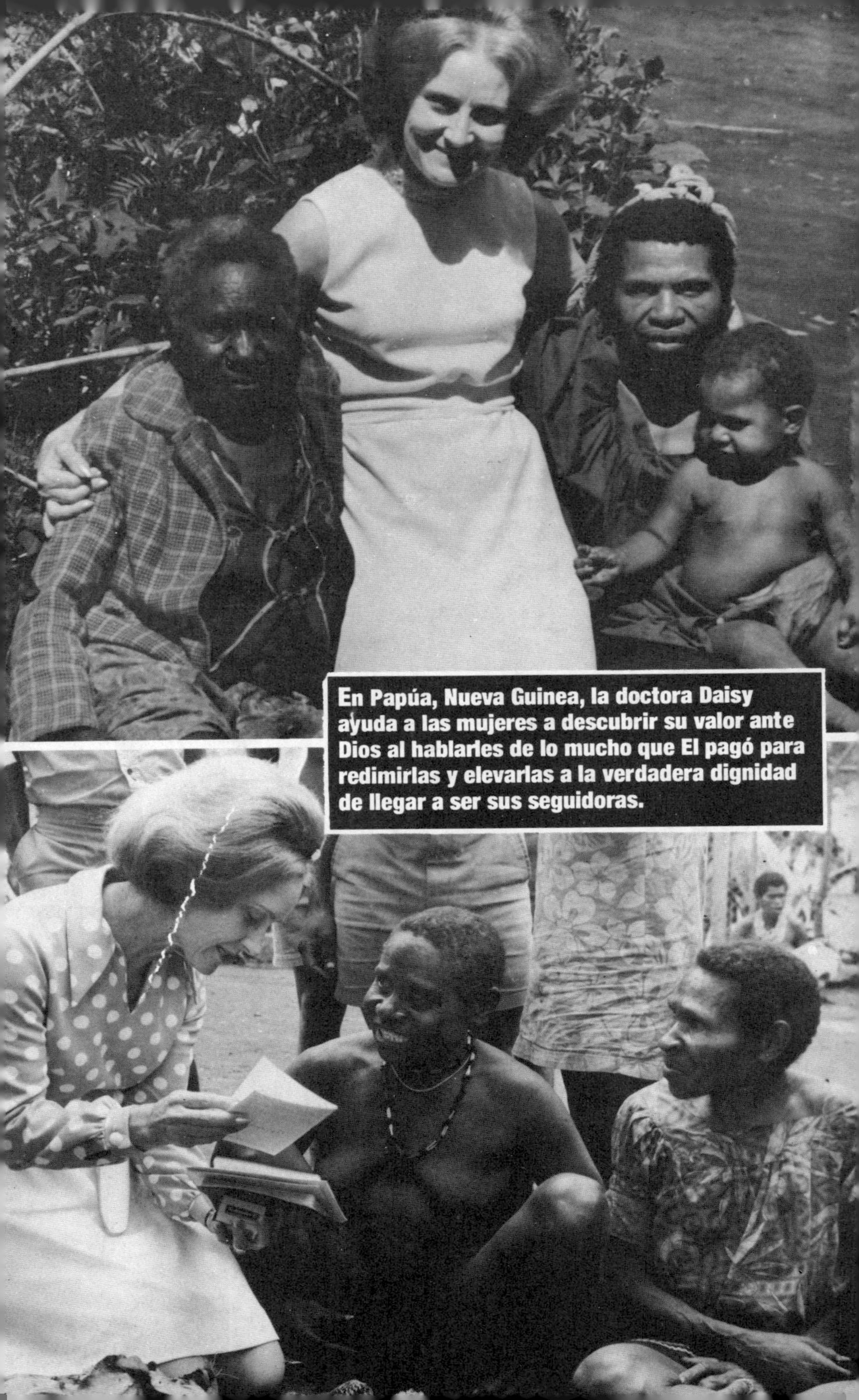

En Papúa, Nueva Guinea, la doctora Daisy ayuda a las mujeres a descubrir su valor ante Dios al hablarles de lo mucho que El pagó para redimirlas y elevarlas a la verdadera dignidad de llegar a ser sus seguidoras.

"Pero (Dios) nunca los dejó sin algo que hablara de El" (Hch. 14:17 BV), sus testigos siempre nos lo recordarán.
"Nos envió a predicar las buenas noticias por todas partes y a testificar que ... cualquiera que crea en El, alcanzará el perdón de los pecados en virtud de su nombre" (Hch. 10:42-43 BV).

Las cruzadas de T.L. y Daisy Osborn alrededor del mundo. En más de 70 países del mundo, grandes multitudes colman siempre sus reuniones para escuchar la palabra de Dios y recibir sus bendiciones.

En Yakarta, Indonesia
En Yaba, Lagos, Nigeria, Africa
En Hyderabad, India
En Tainán, Taiwán
En Ciudad de Guatemala, Guatemala, Centroamérica

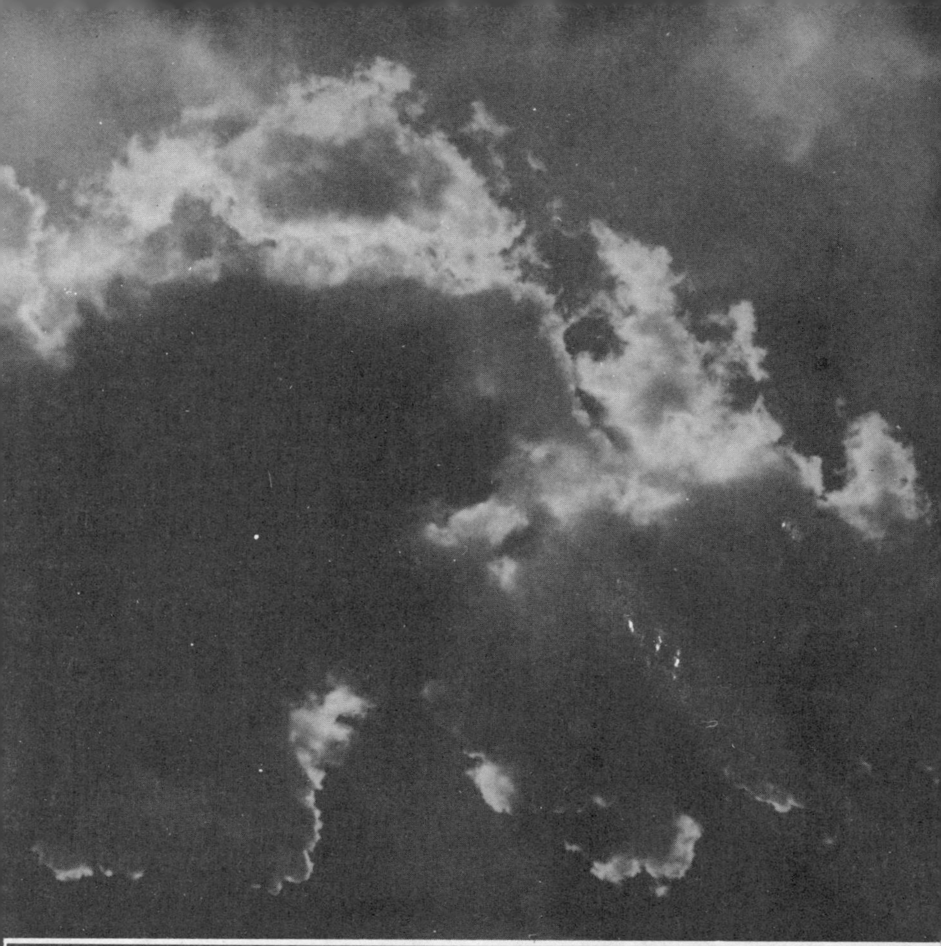

Dios creó al hombre y a la mujer para la excelencia, el éxito, la autoestima, la salud la felicidad y la abundancia en Su Buena Vida. Nunca planeó que su propio linaje, hecho "a su imagen y semejanza", viviera en la mediocridad, la insignificancia, el fracaso, la pobreza o la culpa.

Desde la extraordinaria grandeza de las cimas de las montañas hasta los ricos valles de nuestro planeta, Dios colocó a la humanidad en medio de un rico mundo de cosas buenas para su utilización, belleza y placer.

El dijo: "En lugar de vuestra doble confusión y de vuestra deshonra, os alabarán en sus heredades; por lo cual en sus tierras poseerán doble honra, y tendrán perpetuo gozo" (Is. 61:7,8) y todos se darán cuenta que ustedes son pueblo bendecido por Dios.

"Si desean una vida feliz y agradable ... calladamente encomiéndense a Cristo su Señor" (1 P. 3:10,15 BV).

"No quitará el bien a los que andan en integridad" delante de El (Sal. 84:11).

5ª PARTE

SALUDABLES PARA SERVIR A DIOS

LA BUENA VIDA que Dios ha creado para usted, incluye, una vigorosa salud física para Su gloria.

Miles de personas sucumben ante la enfermedad y el sufrimiento sin jamás cuestionar su origen.

Un Dios bueno no puede mostrar favoritismo como tampoco ningún buen padre lo debe mostrar. Las bendiciones provistas por la muerte de Cristo deben estar disponibles para toda persona por quien Cristo murió con la misma medida y de igual forma.

Las promesas de Dios son la expresión de Su voluntad para con nosotros.

Capítulo 16

El hombre que resucitó de la muerte

LA BUENA VIDA realmente empezó el día en que Jesucristo resucitó de la muerte de acuerdo con las Escrituras.

Algunos de los más emocionantes días en la historia de Jerusalén fueron los que siguieron a la resurrección de Cristo de la muerte.

Corrían rumores de que este hombre Jesús, quien había sido ejecutado como criminal, había resucitado de la muerte.

Todos los días, las cosas se ponían peor. Primero, estaba el relato de la mujer que decía que lo había visto vivo. Mateo 28:5-8

Luego, los discípulos afirmaban que lo habían tocado y lo habían visto comer carne. Lucas 24:36-43

En Pentecostés, los discípulos acababan de recibir el bautismo del Espíritu Santo. Hechos 2:1-4

Una multitud emocionada había presenciado estos galileos sencillos hablando en las lenguas de todas las naciones del mundo conocido. Hechos 2:5-12

El capitán de los soldados se ponía nervioso

a medida que analizaba la constante corriente de informes que llegaban a su oficina.

"Yo mismo vi a ese hombre crucificado", murmuraba al archivar otro informe.

"Lo vi sangrar. Conozco al hombre que lo examinó por última vez y le clavó la espada en el costado. El está muerto; estaba destinado a morir.Juan 19:31-36

La puerta se abrió y otro soldado entró apresuradamente. Empieza diciendo: "Señor, odio admitirlo, pero me temo que hay algo de esto".

El capitán lo interrumpe vociferando: "algo de qué? ¡Hable!".

"Jesús", continúa el soldado, "debe estar vivo otra vez. Sé, señor, que suena tonto, pero hay muchas cosas que están ocurriendo hoy en día. No sé, tal vez debo tomar una licencia".

"¡Una licencia!" dice bruscamente el capitán. "Este asunto se me está saliendo de las manos. Tal vez necesite a todos los soldados en la ciudad antes de que anochezca.

"Los supremos sacerdotes y el Sanedrín están en sesión tratando de decidir su posición ante toda esta confusión."

"¿No sabe que si se prueba que Jesús está vivo de nuevo, todo el país lo seguirá? ¿Comprende la magnitud de la guerra religiosa a la que nos enfrentaríamos?"Mateo 28:11-15

En ese momento un mensajero llega con una queja de que una gran multitud se estaba reuniendo en el Pórtico de Salomón y que un intento por dispersarlos había fallado.Hechos 3:11

"¿Cuál fue la causa?" preguntó.

"Son esos dos hombres que causaron la gran

conmoción durante la celebración del Día de Pentecostés, cuando tanta gente les oyó hablar en lenguas y vieron fuego sobre sus cabezas", contestó el mensajero.Hechos 2:1-12

"Bueno, ¿y qué es lo que se traen esta vez?" siguió inquiriendo el capitán.

"Señor, se trata del limosnero de la puerta del templo...". El mensajero titubeó.

"¡No me diga que lo sanaron! ¿Verdad que no?" interrumpió el capitán.

"Sí, sí señor, eso es lo que hicieron", declaró el mensajero. "Yo mismo lo vi cuando se levantó y caminó, corrió y saltó. Parecía... bueno, como cuando Jesús estaba aquí sanando a la gente".Hechos 3:8

"¡Jesús! ¡Jesús!, exclamó el capitán sacudiendo la cabeza. "Por dondequiera que voy siempre oigo decir algo acerca de ese Jesús."

Entonces preguntó: "Y esos dos hombres, Pedro y Juan, ¿han hecho alguna declaración?"

"Bueno, señor, uno de ellos, el llamado Pedro, estaba tratando de explicar que no fue él en sí quién lo sanó, sino que fue sanado por el poder de Jesús."Hechos 3:12-16

El capitán preguntó algo alterado: "¿Qué fue lo que dijo acerca de Jesucristo?"

"Pues Pedro explicó diciendo: Pueblo de Israel, ¿por qué os maravilláis de esto? ¿o por qué ponéis los ojos en nosotros, como si por nuestro poder o piedad hubiésemos hecho andar a éste? El Dios de Abraham, de Isaac y de Jacob, el Dios de nuestros Padres, ha glorificado a su Hijo Jesús. Mas vosotros negasteis al Santo y matasteis al Autor de la vida, a quien Dios ha resucitado de los muertos, de lo cual nosotros somos testigos. Y por la fe en su nombre, a éste que vosotros veis y conocéis, le ha confirmado su nombre; y la fe que es por él ha dado a éste esta completa sanidad en presencia de todos vosotros. Así que, arrepentíos y convertíos, para que sean borrados vuestros pecados."Hechos 3:12-17,19

El capitán alzó la mirada. Su rostro mostraba una expresión de preocupación. Tenía que dispersar a la muchedumbre a cualquier costo. Su deber lo exigía.

Los rumores habían seguido por dondequiera. "El ha resucitado". "El Vive". "Todavía El tiene poder". "El está con Sus discípulos". "El está sanando nuevamente".

Ninguno de los soldados había visto a Jesús, pero se estaban asustando. Temían que podrían verlo. Hubiera sido como si un asesino se encontrara con su víctima.

El capitán decidió tomar acción y ordenó que la reunión fuera terminada.

Los sacerdotes, el capitán de la guardia y los saduceos se presentaron a Pedro y a Juan mientras estos hablaban a la gente. Estaban muy molestos de que los apóstoles enseñaran a la gente y anunciaran en Jesús la resurrección de entre los muertos. Los aprehendieron y, como ya anochecía, los metieron en la cárcel hasta la mañana siguiente.

Pero muchos de los que había escuchado el mensaje, abrazaron la fe, y el número de los creyentes creció hasta cinco mil.Hechos 4:1-4 NVI

Al día siguiente, el sumo sacerdote interrogó a Pedro y a Juan: *¿Con qué poder o en nombre de quién hicieron esto?*Hechos 4:7 NVI

Pedro les respondió con firmeza: *Sea notorio*

*a todos que en el nombre de Jesucristo de Nazaret, a quien vosotros crucificasteis y a quien Dios resucitó de los muertos, por él este hombre está en vuestra presencia sano.*Hechos 4:10

*Viendo el denuedo de Pedro y de Juan, sabiendo que eran hombres sin letras y no profesionales, los miembros de la corte se maravillaban, y les reconocían que habían estado con Jesús. Y viendo al hombre que había sanado, que estaba en pie ante ellos, no podían decir nada en contra.*Hechos 4:13-14

Y con gran poder los apóstoles daban testimonio (evidencia) *de la resurrección del Señor Jesús.*Hechos 4:33

Como podrá ver, en esos días solamente una cosa importaba: evidenciar que Jesús había resucitado. La resurrección no fue un hecho tomado ligeramente. Al contrario, fue combatida con ardor y terminantemente negada.

*Y por las manos de los apóstoles se hacían muchas señales y prodigios en el pueblo. Y los que creían en el Señor aumentaban más, gran número así de hombres como de mujeres; tanto que sacaban los enfermos a las calles, y los ponían en camas y lechos, para que al pasar Pedro, a lo menos su sombra cayese sobre alguno de ellos. Y aun de las ciudades vecinas muchos venían a Jerusalén, trayendo enfermos y atormentados de espíritus inmundos; y todos eran sanados.*Hechos 5:12-16

Cada vez que se presenciaba un milagro, los discípulos declararon que era una prueba más de que Jesús había resucitado conforme a las Escrituras.

Jesús había resucitado, pero el pueblo necesitaba tener evidencias antes de creer. Los milagros en Su nombre eran una evidencia en aquel entonces y lo son hoy en día.

Si El está muerto, no puede hacer milagros. Si está vivo, entonces hará hoy las mismas obras que hizo antes de ser crucificado. Multitudes se convencieron y se volvieron al Señor.[Hechos 2:41; 8:6-8; 9:42; 11:21; 13:48; 16:34; 17:12; 18:8; 19:18-20] Así, el cristianismo nació y se multiplicó.

El mensaje fue pregonado por quienes sabían que no podrían hacer discípulos de un Cristo muerto; que si la gente iba a creer en Cristo, ellos tenían que estar convencidos de que El había resucitado y estaba vivo.

La única forma de convencerles fue haciendo ellos los mismos milagros que El hizo antes de morir[Hechos 3:6,14-16] y de esa forma vemos que la iglesia nació de los milagros.

Si los millones de personas en nuestra generación han de creer en Cristo, van a tener que presenciar evidencias de que *Jesucristo es el mismo ayer, y hoy, y por los siglos.*[Hebreos 13:8] Cristo vive hoy. El nunca ha cambiado. ¿Lo cree?[Juan 11:26]

Si puedes creer, a quien cree todo le es posible.[Marcos 9:23]

Si no hay resurrección, Cristo no resucitó.

Y si no resucitó, vana es nuestra predicación y vana es la fe que en Dios hemos depositado. Y los apóstoles seríamos unos mentirosos, porque afirmamos que Dios levantó a Cristo de la tumba, y esto es imposible si los muertos no resucitan.

Si no resucitan, Cristo está muerto todavía, y tontos son ustedes al esperar que Dios los vaya a salvar; todavía están bajo la condenación del pecado. Además, los cristianos que ya han muerto están perdidos.

Si el ser cristianos nos fuera de valor sólo en esta vida, somos los seres más desgraciados del mundo.

¡Pero Cristo sí resucitó! Y al resucitar se convirtió en el primero de los millones que resucitarán un día. 1 Corintios 15:13-20 BV

Y si declaras con tus propios labios que Jesucristo es tu Señor, y crees de corazón que Dios lo levantó de entre los muertos, te salvarás.

Porque cuando una persona cree de corazón, Dios lo da por justo; y cuando confiesa ante los demás que tiene fe, asegura la salvación.

Pues las Escrituras afirman que quienes creen en Cristo jamás se sentirán defraudados. El judío y el gentil son iguales en cuanto a esto: los dos tienen un mismo Señor, y El otorga generosamente sus riquezas a quienes se las pidan. Porque todo ser humano que invoque el nombre de Cristo será salvo. Romanos 10:9-13 BV

Capítulo 17

Sanidad para todo ser humano

LA BUENA VIDA incluye la salud física.

La voluntad de Dios hacia todo ser humano convertido es que reciba sanidad física como recibe la salvación espiritual.

El es quien perdona todas tus iniquidades, el que sana todas tus dolencias. Salmo 103:3

La sanidad y el perdón son dádivas de Dios que deben ser recibidas por fe. Tener fe es esperar que Dios haga según ha prometido hacer. Es por eso que *la fe viene como resultado de oír la palabra de Dios.* Romanos 10:17

Dios nos ha dado Sus promesas grandes y abundantes 2 Pedro 1:4 con el fin de revelarnos Su voluntad. Su testamento, o la expresión de Su voluntad, o Sus promesas, o Sus palabras son todos uno y lo mismo.

Para recibir alguna bendición de la buena vida que proviene de Dios, debe tener fe. Para tener la fe requerida a fin de recibir una bendición, debemos estar convencidos de que es la voluntad de Dios darnos esa bendición. Mientras cuestionemos si el recibir algo está o no en la voluntad de Dios, no podremos tener fe.

Se nos ha ordenado pedir, creyendo que recibiremos lo que pedimos. *Pidamos con fe, no dudando nada, porque quien duda es semejante a la onda del mar, que es arrastrada por el viento y echada de una parte a otra; no piense, pues, quien tal haga, que recibirá alguna cosa del Señor.* Santiago 1:6-7

Usted no podrá ser salvo mientras no crea que Dios le ama y que Cristo murió por sus pecados, ni mientras no esté seguro que la voluntad y el deseo de Dios son perdonarle. Pero una vez acepta por la fe esta dádiva de vida nueva, vuelve a nacer. Entonces sabe que la salvación es *para toda persona que quiera* Juan 3:16; Romanos 10:13; Apocalipsis 22:17 ser salva. Y es para todo ser humano.

Es de igual forma si está enfermo. Debe estar convencido, por las promesas de Dios, que es Su voluntad sanarle físicamente. De otra forma no podrá pedir con fe.

Las tradiciones religiosas enseñan que se debe pedir la sanidad orando: "... si es la voluntad de Dios...". Consecuentemente, muy pocas personas experimentan milagros de sanidad.

Dios ha prometido abundantemente dar sanidad física a todos Sus hijos e hijas; según la Biblia, la buena vida incluye salud física para la gloria de Dios.

Note lo que aconteció después que Cristo resucitó de entre los muertos. Ese es un ejemplo de cuál es la voluntad de Dios dondequiera que el evangelio es predicado.

Y por la mano de los apóstoles se hacían muchas señales y prodigios en el pueblo. Y quienes creían en el Señor aumentaban más, gran número así de hombres como mujeres;

Tanto que sacaban a los enfermos a las calles, y los ponían en camas y lechos para que al pasar Pedro, a lo menos su sombra cayese sobre algunos de ellos.

*Y aun de las ciudades vecinas muchos venían a Jerusalén trayendo enfermos y atormentados de espíritus inmundos; y todos eran sanados.*Hechos 5:12-16

Estas palabras: *y todos eran sanados*, revelan cuál es la voluntad de Dios para toda persona enferma.

Y todos eran sanados, es constancia de lo que se llevó a cabo bajo el ministerio de Pedro en Jerusalén después que Cristo regresó al Padre.

Ese era el testimonio de que el ministerio de Cristo no había cambiado después de Su ascensión al cielo.

Y todos eran sanados, fue en cumplimiento al pacto de sanidad hecho por Dios: *Yo soy Jehová* ***tu*** *sanador.*Exodo 15:26 Ese *tu* que aparece en el pacto, incluyó a *todos* en Jerusalén bajo el ministerio de Pedro.

Y todos eran sanados, fue experimentado por toda la nación de Israel: *En aquel tiempo no había entre ellos ni enfermos ni débiles.*Salmo 105:37

Esa fue la experiencia de las muchedumbres que siguieron a Cristo: *Le seguía mucha gente, y sanaba a todos.*Mateo 12:15

Y todos eran sanados, fue lo que sucedió a todos los israelitas que fueron mordidos por las serpientes ardientes: *Quienquiera que miraba a la serpiente de bronce levantada en un asta* (un símbolo del Calvario)Juan 3:14-15 *vivía.*Números 21:8-9

Fue lo que aconteció cuando Dios *envió su palabra y les sanó.*Salmo 107:20 Ese es también el propósito de Su palabra en cuanto a la sanidad que le está siendo enviada a usted, de modo que se le incluya entre todos los que son sanados.

Y todos eran sanados, es promesa para el presente. Le incluye a usted. Le salvará de una muerte prematura: *Yo quitaré toda enfermedad de en medio de ti; yo completaré el número de tus días.*[Exodo 23:25-26]

Para hacer posible que *todos* seamos *sanados*, *Cristo nos redimió de la maldición de la ley.*[Gálatas 3:13] Esta maldición incluía *toda enfermedad y toda plaga.*[Deuteronomio 28:61] Al decir: *nos redimió*, incluye a *todo* ser humano.

Y todos eran sanados, es la bendición provista para todos en el Calvario cuando *ciertamente llevó él nuestras enfermedades y sufrió nuestros dolores*[Isaías 53:4]

Esto fue posible porque *por sus heridas fuimos nosotros sanados.*[Isaías 53:5; 1 Pedro 2:24] Al decir: *nosotros*, incluye a *todo* ser humano.

Esto fue posible cuando *él mismo tomó nuestras enfermedades y tomó nuestras dolencias.*[Mateo 8:17] Al decir: nuestras, incluye a todo ser humano.

Cuando Cristo *descendió del cielo no para hacer* (Su) *voluntad, sino la voluntad del que* (le) *envió;*[Juan 6:38] repetidamente sanó a *todos.*[Mateo 12:15; Mateo 14:36; Lucas 6:19; Hechos 10:38] Su ministerio terrenal estableció que Su voluntad es sanar a *todo* ser humano.

Y todos eran sanados, fue la norma del ministerio de Cristo. Fue lo que El prometió a la iglesia creyente. *Quienes en mí creen, las obras que yo hago también las harán.*[Juan 14:12]

Y todos eran sanados, fueron *las cosas que*

Jesús comenzó a hacer y a enseñar hasta el día en que fue recibido arriba, Hechos 1:1-2 y luego continuaron después de ser recibido arriba y sentarse a la diestra del Padre. Hechos 5:16; Hechos 28:9

Y todos eran sanados, es la voluntad de Dios en el presente mientras Cristo está sentado en el cielo: Jesucristo es el mismo ayer, y hoy, y por los siglos. Hebreos 13:8

Y todos eran sanados, es la voluntad de Dios como lo es el perdonar a todos aquellos que se arrepienten. *El es quien perdona a todos, quien sana a todos.* Salmo 103:3

Y todos eran sanados, es una bendición que incluye a toda ciudad: *En cualquier ciudad donde entren, sanen a los enfermos que en ella haya.* Lucas 10:8-9 Al decir: *los enfermos*, incluía a *todos* aquellos que estuvieran enfermos.

Y todos eran sanados, hace a ciudades enteras hablar de Cristo y hacerle a El el centro de atención del público, como fue el caso en Jerusalén.

Y todos eran sanados, traerá *multitudes* a oír el evangelio. También traerá multitudes *de las ciudades y pueblos vecinos.* Hechos 5:16

Y todos eran sanados. De esta forma *los que creen en el Señor aumentan más en gran número así de hombres como de mujeres.* Hechos 5:14 El primer milagro en Los Hechos causó que *como cinco mil* personas creyeran. Hechos 4:4

Y todos eran sanados, es una forma de Dios dar testimonio de Su gran salvación *por medio de señales, de prodigios, de diversos milagros y de dones del Espíritu Santo.* Hebreos 2:3-4

Este es el ministerio que ha hecho a miles de personas no cristianas obedecer al evangelio en nuestras cruzadas en más de 70 naciones del mundo.

Y todos eran sanados, es lo que la iglesia en la era apostólica pedía en oración, antes de que los enfermos fueran traídos desde las *ciudades vecinas* a las calles de Jerusalén para ser sanados, diciendo: *Extiende tu mano para que se hagan sanidades y señales y prodigios mediante el nombre de tu santo Hijo Jesús.*Hechos 4:29-30

Y todos eran sanados, es la bendición que une a los sanos y a los fuertes en un esfuerzo conjunto para hacerlo posible. *Sacaban los enfermos a las calles, y los ponían en sus camas y lechos.*Hechos 5:15

Y todos eran sanados, es lo que toda la iglesia debe pedir en oración *unánimes juntos*, como lo hizo la iglesia en la época apostólica: *Ellos levantaron unánimes la voz a Dios.*Hechos 4:24

Y todos eran sanados, fue lo que todos lograron aun cuando los enfermos no se pudieron acercar a Pedro como se acercaron a Cristo, cuando *ponían en las calles los que estaban enfermos, y le rogaban que les dejase tocar siquiera el borde de su manto, y todos los que le tocaban quedaban sanos.*Marcos 6:56 Los enfermos ni siquiera tenían que tocar a Pedro, sino que con solamente ser tocados por *la sombra de Pedro, todos eran sanados*, y fueron *multitud* de ellos.

Y todos eran sanados, es el resultado de lo que el Espíritu Santo quiso realizar dondequiera que: a) El intercedió para que sucediera;Hechos 4:24-30 b) El lo realizó;Hechos 5:12-16 y, c) El hizo que se escribiera para que toda criatura pueda leerlo y así tener fe para que lo mismo se repita en nuestra generación.

Y todos eran sanados, le hubiera incluido a usted, si hubiera estado enfermo y hubiera estado allí ese día. Por tanto, la sanidad es para usted hoy, porque jamás han cambiado la voluntad ni el deseo de Dios expresados por medio de los milagros ejecutados en Jerusalén.

Y todos eran sanados, incluye a *los atormentados de espíritus inmundos.*Hechos 5:16 Los posesionados por el demonio están aun hoy incluidos en la voluntad de Dios para ser sanados.

Y todos eran sanados, no se podría decir del ministerio de Cristo en Nazaret: *Y no pudo hacer allí ningún milagro, salvo que sanó a unos pocos enfermos, poniendo sobre ellos las manos. Y estaba asombrado de la incredulidad de ellos.*Marcos 6:5-6; Mateo 13:58 Sólo *unos pocos* fueron sanados en Nazaret. Donde la actitud de la gente era incorrecta, los resultados bajo el ministerio de Cristo no fueron tan buenos como bajo Pedro cuando la gente tuvo la actitud correcta.

Y todos eran sanados, puede ser hoy el resultado en todos los que creen la verdad acerca de la sanidad. Cristo dijo: Conocerás la verdad, y la verdad te hará libre.Juan 8:32

Y todos eran sanados, está incluido en la promesa de Cristo cuando dijo: *Quien a mí viene, no le echo fuera*.Juan 6:37 Todos los enfermos en Jerusalén y de las ciudades vecinas,Hechos 5:15-16 y en las aldeas, ciudades y el campoMarcos 6:56 probaron que esta bendición era para ellos.

Y todos eran sanados, es la bendición que Cristo le extiende a usted. Cristo le ordenó diciendo: *Ten fe en Dios.*Marcos 11:22 El le dice: *Conforme a tu fe te sea hecho.*Mateo 9:29 El le promete: *Todo lo que pidiereis orando, creed que lo recibiréis, y* *os vendrá.* Marcos 11:24 El dice: *Pedid todo lo que queréis, y os será hecho.* Juan 15:7

Y todos eran sanados, es la voluntad de Dios para el presente. Es Su voluntad para su vida hoy. El promete: *Toda persona que pide, recibe.* Mateo 7:8

Capítulo 18

Sanidad para el presente

PARA DISFRUTAR DE la plenitud de la bondad de Dios y recibir la sanidad física que El desea que usted tenga, uno de los pasos más importantes es el de reconocer que la época de los milagros no ha pasado y que la sanidad física es parte del ministerio de Cristo en nuestros tiempos.

En los días bíblicos, los sordos oyeron, los paralíticos caminaron, los leprosos fueron limpiados y toda clase de personas enfermas y con dolencias fueron sanadas por el poder de Dios. Estos milagros son parte de la iglesia hoy como siempre lo han sido.

Existen cinco motivos básicos por los cuales podemos saber que lo son:

1. Dios es un sanador,[Exodo 15:26] y El nunca ha cambiado. El dice: *Yo soy el Señor. No he cambiado.*[Malaquías 3:6]

2. Jesucristo sanó al enfermo,[Mateo 9:35; Marcos 6:55-56; Hechos 10:38] y El nunca ha cambiado: *Jesucristo es el mismo ayer, y hoy, y por los siglos.*[Hebreos 13:8]

3. Cristo ordenó a Sus discípulos sanar al enfermo,Mateo 10:1-7; Lucas 10:1,9 y un verdadero discípulo de Cristo es el mismo hoy que los de aquel entonces: *Si ustedes se mantienen fieles a mi palabra, serán de veras mis discípulos.*Juan 8:31

4. Los milagros de sanidad fueron siempre y en todo lugar manifestados en el ministerio de la iglesia en la era apostólica,Hechos 3:6; 4:30; 5:12; 6:8; 8:6; 14:3,9,10; 19:11,12; Hebreos 2:4 y la iglesia verdadera jamás ha cambiado. La vida y ministerio de los apóstoles es el ejemplo y modelo de la verdadera iglesia *hasta el fin del mundo.*Mateo 28:20

5. Jesucristo comisionó a todos los discípulos, en todas las naciones y hasta el fin del mundo, para que pusieran las manos sobre los enfermos, prometiéndoles que *sanarían,*Marcos 16:15-18 y ciertamente los verdaderos creyentes nunca han cambiado. Cristo dijo: *Quien en mí cree, las obras que yo hago, las hará también.*Juan 14:12

La sanidad divina fue primeramente administrada por Jehová-Dios, luego por Su Hijo Jesucristo, después por Sus discípulos, continuó al establecerse la iglesia y por último por todos los creyentes en todo el mundo. Por lo tanto, la edad de los milagros no ha pasado y la sanidad física es una parte del ministerio de Cristo hoy como siempre lo ha sido. Lo que El ha hecho por tantos miles de otras personas, lo quiere hacer por usted en el presente.

Capítulo 19

100 verdades acerca de la sanidad

MUCHAS PERSONAS CREEN que algunas veces Dios sana al enfermo, pero esa gente no tiene un conocimiento personal de Cristo como el sanador perpetuamente presente. Desconocen totalmente los muchos hechos y verdades que prueban que la sanidad física es parte integral de la salvación de toda persona.

Ven a otra gente sanar, pero a la vez cuestionan si la sanidad es la voluntad de Dios para sus vidas. Esperan tener una revelación especial de la voluntad de Dios en relación a su caso en particular y, sin embargo, buscan todo lo que esté dentro del poder y las ciencias humanas para curarse, usando todos los medios terrenales a su alcance, sin importarles ni pensar si es la voluntad de Dios ser sanados de esa forma o no.

Si no fuera la voluntad de Dios que se pusieran bien, ¿por qué entonces procuran recuperarse usando la ciencia médica?

Si la sanidad es la voluntad de Dios, entonces toda sanidad que el ser humano recibe proviene de Dios ya sea que se cure usando ayuda de la ciencia médica, o por la oración y la fe en las promesas de Dios.

La Biblia revela la voluntad de Dios en cuanto a la sanidad del cuerpo tan claramente como revela la voluntad de Dios en relación a la salvación del alma. Dios no necesita dar una revelación especial de Su voluntad cuando El ya lo ha prometido tan claramente en Su palabra. Sus promesas de sanidad son una revelación de Su voluntad de sanar de la misma manera en que Sus promesas de salvación revelan Su voluntad de salvar.

Un estudio cuidadoso de las Escrituras mostraría claramente que Dios es el Salvador y el Sanador de Su pueblo; que siempre es Su voluntad salvar y sanar a toda persona que esté dispuesta a servirle. En prueba de esto, llamaré su atención a los siguientes 100 hechos:

1. La enfermedad no es más natural que el pecado. Dios hizo todas las cosas y *vio que todo lo que había hecho era bueno.* Génesis 1:31 Por tanto, no debemos concluir que el único remedio para el pecado o la enfermedad se encuentra en el mundo natural, sino que el Dios que nos creó felices, fuertes, saludables y en comunión con El, es el Sanador de nuestras enfermedades físicas como es el Salvador de nuestros pecados espirituales.

2. Tanto el pecado como la enfermedad entraron al mundo por la caída de la raza humana. Por tanto, debemos buscar ser sanados de éstos y tener salud en el Salvador.

3. Cuando Dios sacó a Su pueblo de Egipto, El hizo un pacto de sanarles. Exodo 15:26; 23:25 A través de toda su historia, encontramos que

en la enfermedad y en la pestilencia siempre se volvieron a Dios en arrepentimiento y confesión, y cuando sus pecados fueron perdonados sus enfermedades también fueron sanadas.

4. Dios sanó a todas las personas que fueron mordidas por las serpientes ardientes, utilizando una serpiente de bronce sobre un asta, la cual era un símbolo del calvario.Números 21:8; Juan 3:14-15 Si toda persona que miró la serpiente de bronce fue sanada entonces, es lógico pensar que toda persona que mire a Cristo puede ser sanada hoy.

5. Cristo dijo: *Y como Moisés levantó la serpiente en el desierto, así es necesario que* (con el mismo propósito) *el Hijo del Hombre sea levantado.*Juan 3:14; Números 21:4-9

6. La gente había pecado en contra de Dios entonces; la gente ha pecado en contra de Dios en el presente.

7. La mordida de la serpiente resultó en muerte entonces; *la paga del pecado es muerte* hoy.Romanos 6:23

8. La gente clamó a Dios en aquel entonces, y El escuchó y les proveyó el remedio: la serpiente levantada; quienes hoy claman a Dios descubren que Dios ha escuchado su clamor y ha provisto el remedio: Cristo levantado.

9. Cristo en la cruz sería tanto el cumplimiento, como la provisión y la realización de la promesa de sanidad para el pueblo de Dios.

10. En aquel entonces el remedio provisto les dio

perdón de sus pecados como sanidad para sus cuerpos; en Cristo nosotros recibimos hoy tanto el perdón de nuestros pecados como la sanidad para nuestros cuerpos enfermos.

11. No hubo excepciones entonces. El remedio fue para *toda persona que fuera mordida.* No hay excepciones hoy. El remedio que se nos ha dado es para *toda persona que cree.*

12. A cada persona se le ordenó que mirara por sí misma. A cada persona se le ha ordenado creer hoy en Cristo por sí misma.

13. No tuvieron que mendigar ni llevar ofrendas a Dios entonces. Había una sola condición: *cuando mires.* Nosotros tampoco tenemos que mendigar ni llevar una ofrenda a Cristo hoy. Existe una sola condición: *si puedes creer. Es para quienquiera que cree.*

14. En aquel entonces no se dijo que miraran a Moisés, sino al remedio. A nosotros no se nos ha dicho que miremos al predicador ni al sacerdote, sino a Cristo.

15. No debían mirar los síntomas de las mordidas de las serpientes en aquel entonces, sino mirar al remedio. Hoy no debemos mirar a los síntomas de nuestro pecado ni de nuestras enfermedades, sino mirar al remedio que es Cristo.

16. *Quienquiera que fuere mordido, cuando mirare a la serpiente, vivirá,* fue la promesa dada entonces a todo el pueblo, sin excepciones. *Quienquiera que en él cree, no se pierde, mas*

*tiene vida eterna*Juan 3:16 es hoy la promesa para todo el mundo, sin excepciones.

17. Siendo que la maldición contra el pueblo fue quitada al ser levantado en alto un "símbolo" del calvario, con más razón aún nuestra maldición fue quitada por el calvario mismo.Gálatas 3:13

18. El "símbolo" del calvario no pudo significar más para aquellos israelitas entonces, que lo que el calvario significa para nosotros hoy en día. Ciertamente ellos no pudieron recibir ninguna bendición a través de un "símbolo" del calvario que nosotros no podamos recibir hoy a través del calvario mismo.

19. Dios promete protección para nuestros cuerpos así como para nuestras almas, si moramos en El.Salmo 91 En el Nuevo Testamento Juan desea que usted *sea prosperado en todas las cosas, y que tenga salud, así como su alma prospera.*3 Juan 1:2 Estas citas de las Escrituras muestran que la voluntad de Dios es que estemos tan saludables en nuestros cuerpos como lo estamos en nuestras almas. Nunca ha sido la voluntad de Dios que nuestras almas estén enfermas; nunca es la voluntad de Dios que nuestros cuerpos estén enfermos.

20. Asa murió, porque *en su enfermedad no buscó al Señor, sino a los médicos,*2 Crónicas 16:12 mientras que Ezequías vivió, porque aunque *enfermó de muerte volvió su rostro e hizo oración al Señor.*Isaías 38:1-5

21. La expiación de Cristo incluye quitar de no-

sotros tanto las enfermedades como los pecados.Isaías 53:4-5 La palabra *llevó*Isaías 53:4-5 implica que hay un sustituto, que hay algo por lo que ya se ha sufrido; no indica sentimiento de tristeza ni que se acompaña en el sufrimiento. Si Cristo *llevó* nuestras enfermedades, ¿por qué debemos nosotros llevarlas?

22. Cristo cumplió las palabras de Isaías: *sanó a todos los enfermos.*Mateo 8:16-17

23. Se nos ha revelado que la enfermedad tiene origen en Satanás: *Entonces Satanás salió e hirió a Job con una sarna maligna desde la planta del pie hasta la coronilla de la cabeza.*Job 2:7 Job se mantuvo firme en su fe y clamó al Señor pidiendo liberación, y fue sanado.

24. Cristo declaró que la mujer enferma estaba atada por Satanás y debía ser desatada. El echó fuera el *espíritu de enfermedad* y ella quedó sana.Lucas 13:11-13,16

25. El diablo tomó posesión de un hombre y fue la causa de que estuviera ciego y mudo. Cuando el diablo fue echado fuera, el hombre pudo ver y hablar.Mateo 12:22

26. Un demonio fue el causante de que un muchacho estuviera sordomudo y que sufriera de convulsiones. Cuando el demonio fue echado fuera, el niño quedó sano.Marcos 9:17-26

27. La Biblia dice: *Jesús de Nazaret anduvo haciendo bienes y sanando a todos los oprimidos por el diablo.*Hechos 10:38 Este pasaje de las Escrituras muestra que la enfermedad es opresión de Satanás.

28. Se nos dice: *Para esto apareció el Hijo de Dios, para deshacer las obras del diablo.*[1 Juan 3:8] La enfermedad es parte de *las obras* de Satanás. Cristo, en Su ministerio terrenal, siempre trató de igual forma al pecado, la enfermedad y al diablo; todos eran aborrecidos ante Sus ojos; El los rechazó a todos; El se manifestó para destruirlos a todos y a cada uno de ellos.

29. El no quiere que *las obras del diablo* continúen en nuestros cuerpos físicos hoy, puesto que El vino y se manifestó para destruir esas obras. El no quiere que un cáncer, una plaga ni una maldición, que son *las obras del diablo*, existan en los miembros de Su cuerpo. *¿No sabéis que vuestros cuerpos son miembros de Cristo?*[1 Corintios 6:15]

30. Cristo dijo: *El Hijo del Hombre no ha venido a destruir vidas, sino a salvarlas.*[Lucas 9:56 - Versión Popular Dios Habla Hoy] La enfermedad destruye, por tanto no es de Dios. Cristo vino para *salvarnos*. La palabra griega *sozo* que se usa en el versículo significa: liberarnos, salvarnos, rescatarnos, ponernos a salvo, reguardarnos, preservarnos, sanarnos, darnos vida y hacernos completos; nunca quiere decir: *destruirnos*.

31. Cristo dijo: *El ladrón* (hablando de Satanás) *no viene sino para hurtar y matar y destruir; yo he venido para que tengan vida, y para que la tengan en abundancia.*[Juan 10:10]

32. Satanás es un asesino; sus enfermedades destruyen vidas; sus enfermedades son ladrones que roban la felicidad, la salud, el

dinero, el tiempo y los esfuerzos. Cristo vino para darnos vida abundante en nuestras almas, y en nuestros cuerpos.

33. Se nos ha prometido *la vida de Jesús en nuestra carne mortal.* 2 Corintios 4:10-11

34. Se nos enseña que la obra del Espíritu es para vivificar nuestros cuerpos mortales en esta vida Romanos 8:11

35. La obra de Satanás es para destruir; la obra de Cristo es para dar vida.

36. Satanás es malo. Dios es bueno. Las cosas malas provienen de Satanás. Las cosas buenas vienen de Dios.

37. Por tanto, la enfermedad es de Satanás. La salud es de Dios.

38. Toda autoridad y potestad sobre los demonios ha sido dada a cada discípulo del Señor Mateo 10:1; Marcos 16:17; Lucas 10:19 Puesto que Cristo dijo: *Si permaneciereis en mi palabra, entonces seréis verdaderamente mis discípulos,* Juan 8:31 por tanto estas referencias bíblicas se le aplican a usted en el presente, eso es, si usted continúa en (actúa en) Su palabra.

39. A todo creyente se le ha dado el derecho para orar y recibir la contestación: *Lo que pidieres en mi nombre, lo haré.* Juan 14:13-14 Lógicamente que esta promesa incluye la sanidad, si estamos enfermos.

40. *Toda persona que pide, recibe.* Mateo 7:8 Esa promesa es para usted. Incluye a toda persona que esté enferma.

41. El ministerio de sanidad fue dado a los setenta, quienes representaban a los futuros obreros de la iglesia. Lucas 10:1,9,19

42. Fue dado a *todos los que creen* en el evangelio, que actúan en el evangelio o que practican o *son hacedores* de la palabra. Marcos 16:17; Lucas 6:47-48; Romanos 2:13; Santiago 1:22-24

43. Ha sido encomendado a los ancianos de la iglesia. Santiago 5:14

44. Ha sido dado a la totalidad de la iglesia, como uno de sus ministerios y dones, hasta que Cristo regrese. 1 Corintios 12:9-10

45. Cristo nunca comisionó a nadie para predicar el evangelio sin ordenarle que sanara al enfermo. El dijo: *En cualquier ciudad donde entréis, sanad a quienes estuvieran enfermos.* Lucas 10:8-9 Esa orden se aplica hoy a todo verdadero ministerio.

46 Cristo dijo que El continuaría las mismas obras que estaba haciendo mediante los creyentes, mientras El está con el Padre. *De cierto, de cierto os digo: Quien cree en mí, las obras que yo hago, las hará también; y aun mayores hará, porque yo voy al Padre.* Juan 14-12 Esto, ciertamente, incluye sanidad para el enfermo.

47. En la Cena del Señor, se toma la copa *en memoria* de Su sangre derramada para remisión de nuestros pecados 1 Corintios 11:25 Cuando comemos del pan *en memoria* de Su cuerpo en el cual fueron puestas nuestras enfermedades y *por cuyas heridas somos sanados.* 1 Corintios 11:23-24; Isaías 53:5

48. Cristo dijo que ciertos maestros *invalidan la palabra de Dios con su tradición.*Marcos 7:13 Por siglos las ideas y teorías humanas han estorbado la proclamación de las porciones de los evangelios que tratan sobre la sanidad y que llaman a utilizarla como lo hizo la iglesia en sus primeros años.

49. Una tradición dice que Dios desea que algunos de Sus hijos e hijas sufran la enfermedad y que, por lo tanto, muchos por quienes se ora no son sanados porque no es Su voluntad sanarles. Cuando Cristo sanó a un muchacho posesionado de demonios en Marcos capítulo nueve, a quien los discípulos no pudieron sanar,Marcos 9:18 El probó que la voluntad de Dios es sanar, inclusive a quienes parecen no recibir su sanidad. Es más, El atribuyó a los discípulos, por su *incredulidad,*Mateo 17:19-20 el fracaso en curar al muchacho y no a la voluntad de Dios.

50. El motivo por el cual tantas personas hoy fracasan en recibir sanidad cuando se ora por ellas, no se encuentra jamás en que no sea la voluntad de Dios sanarles.

51. Si la enfermedad fuera la voluntad de Dios, entonces todos los médicos estarían quebrantando Sus leyes; quienes tienen destrezas para dar atención a los enfermos estarían desafiando al Todopoderoso y cada hospital sería una casa de rebeldía en lugar de una casa de misericordia.

52. Como que Cristo vino para hacer la voluntad del Padre,Juan 6:38; Hebreos 10:7,9 el hecho de que *sanara a todos los enfermos* es evidencia de

que es la voluntad de Dios que todos sean sanados.

53. Si no fuera la voluntad de Dios que todos sean sanados, ¿cómo fue posible que *todos* en la *multitud* obtuvieron de Cristo lo que no era la voluntad de Dios para algunos de ellos? El evangelio dice: *Y El sanó a todos.*

54. Si no fuera la voluntad de Dios que todos sean sanados, ¿por qué declaran las Escrituras: *Por sus llagas fuimos nosotros curados*[Isaías 53:5] y *por cuyas heridas fuisteis vosotros curados*?[1 Pedro 2:24] ¿Cómo es posible que *nosotros* y *vosotros* podemos ser declarados sanados, si es la voluntad de Dios que algunos de nosotros estemos enfermos?

55. Cristo nunca rechazó a quienes vinieron a El buscando Su sanidad. Repetidamente los Evangelios nos dicen que *El sanó a todos los enfermos* [Mateo 8:16; 9:35; 12:15; Lucas 4:40; Marcos 6:55-56; Hechos 10:38] Cristo el Sanador nunca ha cambiado[Hebreos 13:8]

56. Sólo una persona en toda la Biblia pidió sanidad diciendo: *Si quieres*. Fue un leproso a quien Cristo le contestó inmediatamente: *Quiero, sé limpio.*[Marcos 1:40-41]

57. Otra tradición dice que podemos glorificar más a Dios siendo pacientes con nuestra enfermedad que siendo sanados. Si la enfermedad glorifica a Dios más que la sanidad, entonces todo intento por curarnos utilizando medios naturales o divinos sería un esfuerzo para robar a Dios la gloria que quisiéramos que recibiera.

58. Si la enfermedad glorificara a Dios, entonces deberíamos querer estar enfermos antes que estar bien.

59. Si la enfermedad glorificara a Dios, Cristo robó al Padre toda la gloria que pudo tener cuando sanó a todos,Lucas 4:40 y el Espíritu Santo siguió haciendo lo mismo a través del libro de Los Hechos de los Apóstoles.Hechos 5:12-16

60. Pablo dice: *Habéis sido comprados con precio; glorificad, pues, a Dios en vuestro cuerpo y en vuestro espíritu, los cuales son de Dios.*1 Corintios 6:20

61. Tanto nuestro cuerpo como nuestro espíritu fueron comprados con precio. Debemos glorificar a Dios en el uno y en el otro.

62. No glorificamos a Dios en nuestro *espíritu* permaneciendo en el pecado; tampoco glorificamos a Dios en nuestro *cuerpo* permaneciendo en la enfermedad.

63. La enfermedad y muerte de Lázaro son usadas por algunos para probar que la enfermedad glorifica a Dios. Pero en este caso Dios no fue realmente glorificado hasta que Lázaro fue resucitado, lo cual culminó en que *muchos* de los judíos *creyeron* en Cristo.Juan 11:4,45

64. Otra tradición enseña que aunque Dios sana a algunos, no es Su voluntad sanar a todos. Pero Cristo, que vino a hacer la voluntad del Padre, los *sanó a todos.*Juan 6:38; Mateo 8:16; 12:15; Lucas 4:40; Lucas 6:19

65. Si la sanidad no es para todos, ¿por qué Cristo llevó nuestras enfermedades, nuestros dolores y nuestras dolencias? Isaías 53:4; Mateo 8:17 Si Dios quería que algunos de Sus hijos sufrieran, entonces Cristo nos alivió de algo que Dios quería que lleváramos. Pero puesto que Jesús vino *a hacer la voluntad del Padre*, y como *él llevó nuestras enfermedades*, debe ser la voluntad de Dios que todos estemos buenos y saludables.

66. Si no fuera la voluntad de Dios que todos sean sanados, entonces las promesas de sanidad de Dios no son para todos; eso significaría que la *fe* (no viene) *por oír la palabra de Dios* (solamente), sino por medio de una revelación especial de parte de Dios en la que muestra que favorece a la persona que quiere sanar.

67. Si las promesas de Dios de sanar no son para todos, eso significaría que no podríamos saber cuál es la voluntad de Dios sólo leyendo Su palabra; que tendríamos que orar hasta que El nos hablara directamente acerca de cada caso en particular. Eso querría decir que deberíamos cerrar nuestras Biblias y orar pidiendo una revelación directa de parte de Dios para saber si es Su voluntad sanar en cada caso específico. Eso significaría virtualmente que no podríamos considerar a la palabra de Dios dirigida a nosotros personalmente. ¿Sería eso correcto? Jamás, porque la palabra de Dios es para todos.

68. La palabra de Dios es Su voluntad. Las promesas de Dios revelan Su voluntad.

Cuando leemos lo que El ha prometido hacer, entonces sabemos que está escrito porque es Su voluntad hacerlo.

69. Puesto que está escrito: *La fe es por el oír de la palabra de Dios*[Romanos 10:17] entonces la mejor forma de edificar la fe en su corazón de que Dios quiere sanarle, es usted oyendo esas porciones de la palabra de Dios que prometen darle sanidad.

70. La fe para obtener sanidad espiritual *viene por el oír* en el evangelio que: *El llevó nuestros pecados*[1 Pedro 2:24] La fe para recibir sanidad física *viene por el oír* en el evangelio que: *El llevó nuestras enfermedades*[Mateo 8:17]

71. Por tanto, debemos *predicar el evangelio* (que *El llevó nuestras pecados*) *a toda criatura.*[Marcos 16:15]

72. Cristo enfatizó Su promesa diciendo dos veces: *Todo lo que pidan en mi nombre, yo lo haré*[Juan 14:13-14 - Versión Popular Dios Habla Hoy] El no excluyó la sanidad en Su promesa. Ese *todo*, incluye la sanidad. Esta es una promesa para todos.

73. Si la sanidad no es para todos, Cristo debió poner alguna exclusión en Su promesa diciendo: *Todo lo que pidiereis orando* (excepto la sanidad) *creed que lo recibiréis, y os vendrá.*[Marcos 11:24] Pero El no lo dijo así. Por tanto, la sanidad está incluida cuando El dijo: *Todo.* Esta promesa se la estaba dirigiendo a usted personalmente.

74. Si no fuera la voluntad de Dios sanar a todos, entonces no podríamos depender de la pro-

mesa de Cristo cuando dijo: *Si permaneces en mí, y mis palabras permanecen en ti, pide todo lo que quieres, y te será hecho*Juan 15:7

75. La Biblia dice: *¿Está alguno enfermo entre vosotros?* LLame a los ancianos de la iglesia, y oren con él, ungiéndole con aceite en el nombre del Señor. Y la oración de fe salvará al enfermo, y el Señor lo levantará Santiago 5:14-15 Esta promesa es para todos y lo incluye a usted, si está enfermo o enferma.

76. Si Dios hoy ha dejado de sanarnos en respuesta a la oración, favoreciendo solamente la sanidad por medio de la ciencia médica, eso significaría que El nos está requiriendo usar un método menos exitoso durante una época de mejor dispensación. Pero la Biblia dice que ahora tenemos una *mejor esperanza,* Hebreos 7:19 un *mejor testamento,* Hebreos 7:22 *un mejor pacto establecido sobre mejores promesas.* Hebreos 8:6 Hoy hay muchas enfermedades y males que son incurables para la ciencia médica, mas el Señor los sana todos.

77. Pablo nos dice que Dios nos quiere tener *perfectos y buenos en todo,* Hebreos 13:21 - Versión Popular Dios Habla Hoy y *abundando para toda buena obra.* 2 Corintios 9:8 Una persona enferma no llenaría estos requisitos establecidos por las Escrituras. Esas condiciones para la vida serían un imposible si la sanidad no fuera para todos. O la sanidad es para todos o las Escrituras no se aplican a todos por igual.

78. En el Nuevo Testamento la sanidad del cuerpo fue llamada: *misericordia,* y siempre fue la misericordia lo que lo movió a El a sanar

a todos los enfermos. Su promesa establece: *El es grande en misericordia para con toda persona que le invoca.*[Salmo 86:5] Y esa promesa le incluye a usted en el presente.

79. La traducción literal de Isaías, 53:4 es: *Ciertamente él ha cargado con nuestras enfermedades y ha llevado a nuestros dolores.* A fin de probar que nuestras enfermedades fueron ya *llevadas*, en hebreo el mismo verbo es usado para describir *cargado* y *llevado.* (Vea los versículos 11 y 12 de ese capítulo).

80. Cristo fue *hecho pecado por nosotros*[2 Corintios 5:21] cuando *El cargó nuestros pecados.*[1 Pedro 2:24] El *fue hecho maldición por nosotros*[Gálatas 3:13] cuando *El llevó nuestras enfermedades.*[Mateo 8:17]

81. Si Cristo *cargó nuestros pecados*, ¿a cuántos querrá Dios perdonar? *A quienquiera que cree.* Si Cristo *llevó nuestras enfermedades*, ¿a cuántos querrá Dios sanar? *El los sanó a todos.*

82. Otra tradición enseña que si somos justos, debemos aceptar la enfermedad como parte de nuestra vida. Citan las Escrituras donde dicen: *Muchas son las aflicciones del justo.*[Salmo 34:19] Pero esto no se refiere a las enfermedades como algunos nos quisieran hacer creer. Hace referencia a pruebas, dificultades, persecuciones y tentaciones, pero nunca a la enfermedad ni a la incapacidad física.

83. Sería una contradicción decir que Cristo llevó nuestras enfermedades y que por Sus heridas somos curados, y luego añadir: *Mu-*

chas son las (enfermedades) *del justo*, las cuales El solicita que soportemos.

84. Con el fin de probar esta tradición, algunas veces se cita el siguiente versículo: *Mas el Dios de toda gracia que nos llamó a su gloria eterna en Jesucristo, después que hayáis padecido un poco, él mismo os perfeccione, afirme, fortalezca y establezca.*[1 Pedro 5:10] Este sufrimiento no se refiere a sufrir por las enfermedades, sino de las muchas formas en las cuales el pueblo de Dios con frecuencia tiene que sufrir por su testimonio.[Hechos 5:41; 7:57-60; 8:1; 2 Corintios 11:23-27]

85. Otra tradición establece que no debemos esperar ser sanados de ciertas aflicciones; la Escritura citada es: *¿Está alguno entre vosotros afligido? Haga oración.*[Santiago 5:13] Esto no se refiere a la enfermedad, sino a lo mismo que señalé en los números 82 y 84 anteriores.

86. Otra tradición dice que Dios castiga a Sus hijos con enfermedades. La cita bíblica favorita es Hebreos, parte de la cual dice: *Porque el Señor al que ama, disciplina.*[Hebreos 12:6-8] Es cierto que Dios disciplina a quien El ama, pero no se nos declara que El lo enferme. La palabra *disciplina* aquí significa: instruir, adiestrar, discipular, enseñar o educar; como un maestro instruye a su alumno, o los padres adiestran y enseñan a sus hijos.

87. Cuando un maestro instruye a un alumno, utiliza varios métodos de disciplina pero nunca la enfermedad. Cuando un padre adiestra a un hijo, utiliza diferentes métodos

de castigo. Pero un padre jamás da la enfermedad a sus hijos. Si nuestro Padre celestial desea castigarnos o disciplinarnos El no necesita enfermarnos. Nuestras enfermedades ya fueron puestas sobre Cristo. Dios no nos ordenaría soportar como castigo, lo que Cristo cargó por nosotros. El sacrificio de Cristo nos liberó para siempre de la maldición del pecado y de la enfermedad, cargándolos sobre Sí mismo por nosotros.

88. La tradición más común dice que el día de los milagros ya pasó (vea el capítulo 18, Sanidad para el presente). Para que eso fuera verdad, tendría que haber una ausencia total de milagros. La existencia de un solo caso milagroso probaría que la edad de los milagros no ha pasado.

89. Si el tiempo de los milagros hubiera pasado, nadie podría nacer de nuevo, porque el nuevo nacimiento es el mayor de todos los milagros en el mundo.

90. Si la época de los milagros hubiera pasado, como algunos reclaman, entonces todas las evidencias técnicas de innumerables casos de sanidades milagrosas, obtenidas en exámenes de laboratorio en todo el mundo, son falsas.

91. Cualquiera que reclame que la era de los milagros ha pasado, niega la necesidad, el privilegio y los beneficios de la oración. El que Dios escuche y conteste la oración, ya sea que pidamos una estampilla del correo o pidamos la curación de un paralítico, constituye un milagro.

Si no hubieran milagros, no hubiera motivo para tener fe. Si no hay milagros, la oración sería un engaño y sólo ser falto de inteligencia haría a una persona orar y esperar tener contestación.

Toda persona que ora debe esperar una respuesta a su oración. Cuando esa oración es contestada, Dios ha obrado algo sobrenatural más allá de los poderes de la naturaleza. Así son los milagros. Negar que los milagros existen en el presente, es negar el valor de la oración.

92. La época de los milagros no ha pasado, porque el obrador de los milagros permanece siendo el mismo. *Jesucristo es el mismo ayer, y hoy, y por los siglos.*[Hebreos 13:8]

93. Cuando Cristo envió a Sus discípulos a predicar el evangelio, les dijo: *Estas señales* (sobrenaturales) *seguirán a toda persona que cree.* Incluía *a toda criatura*, a *todas las naciones* y *hasta el fin del mundo.*[Marcos 16:15-17; Mateo 28:19-20] El fin del mundo no ha llegado, de modo que el fin de los milagros no ha llegado. La comisión dada por Cristo jamás ha sido retirada ni anulada.

94. La promesa de Cristo para el alma: *serán salvos*, está incluida en la Gran Comisión, y es para todos los seres humanos. Su promesa para el cuerpo: *los enfermos sanarán*, también está en la Gran Comisión y es para todos. Negar que esta última parte del mandato de Cristo sea para nuestra generación, equivaldría a negar también el resto del mismo.

Mientras la Gran Comisión mantenga su validez, usted puede ser sanado espiritual y físicamente creyendo en el evangelio. Miles de creyentes sinceros de todo el mundo pueden recibir tanto sanidad física como espiritual, por medio de su fe sencilla y firme en las promesas de Dios.

95. Cristo cargó con sus pecados de modo que le fueran perdonados. La vida eterna es suya. Cuando reclame esta bendición y la confiese por la fe, Dios la cumplirá en su vida.

96. Cristo cargó sus enfermedades de manera que usted sea sanado. La sanidad divina es suya. Cuando confiese esta bendición y lo haga por la fe, Dios la manifestará en su cuerpo.

97. La sanidad divina, al igual que todos los dones redentores de Cristo, se recibe sólo por fe y para que, una vez recibida, estemos consagrados sólo para el servicio y la gloria de Cristo.

98. Dios está tan dispuesto a sanar a Sus amigos como está dispuesto a perdonar a Sus enemigos. Eso equivale a decir que, cuando eras un pecador, Dios estuvo dispuesto a perdonarte. Ahora que eres Su hijo o hija, ciertamente que El tendrá aún mejor disposición para sanarte. El fue lo suficientemente misericordioso para perdonarte cuando eras Su enemigo o enemiga y es lo suficientemente misericordioso para sanarte ahora que eres Su amigo o amiga. Romanos 8:32

99. Para ser salvo, debe aceptar la promesa de

Dios como verdad y creer que usted es perdonado. Entonces puede experimentar el gozo de tener la sanidad espiritual. Para ser sanado, debe aceptar la promesa de Dios como verdad y creer. Entonces puede experimentar el gozo de la sanidad física.

100. A todos (los seres humanos pecadores) *que le recibieron, fueron nacidos de Dios.* Juan 1:12-13 BV *Y todos los* (enfermos) *que le tocaban, quedaban sanos.* Marcos 6:56

Cuando decimos que sanar siempre es la voluntad de Dios, inmediatamente surge la pregunta: "¿Entonces cómo puede uno morir?"

La Biblia dice: *Si El les quita el aliento, mueren y vuelven a ser polvo.* Salmo 104:29 - Versión Popular Dios Habla Hoy *Bajarás al sepulcro en madurez, y como a su tiempo se recogen las gavillas de trigo.* Job 5:26

Para nosotros *llegar a nuestra madurez* y para que Dios *quite el aliento* de nosotros, no se requiere de la ayuda de una enfermedad. La voluntad de Dios para la muerte (o lo que llamamos muerte) de Sus hijos es que, después que hayamos vivido una vida fructífera, cumpliendo el número de nuestros días, sencillamente dejemos de respirar y durmamos en Cristo, sólo para despertar en el cielo y vivir con El eternamente. *Estaremos para siempre con el Señor.* 1 Tesalonicenses 4:17 Ciertamente, esta es la promesa dada a los justos. 1 Tesalonicenses 4:13; Tito 2:13; 1 Pedro 1:3

Por cuanto me amas (dice Dios) *yo te libraré; te engrandeceré, porque confías en mi nombre. Cuando me invoques, yo responderé; estaré contigo en la tribulación, te libraré y te honraré. Te satisfaré con plenitud de vida y te daré mi salvación.* Salmo 91:14-16 BV

6ª PARTE

PROSPERIDAD PARA LA GLORIA DE DIOS

CUANDO COMENCE A ver el dinero desde la perspectiva de Dios, descubrí que Dios desea la prosperidad y la abundancia material para toda persona que lo haga a El su asociado.

El mundo de abundancia alrededor suyo es prueba amplia de que su Padre celestial quiere que usted viva en abundancia.

Dios no está limitado a los ingresos regulares que usted tiene, ni a su granja, salario, negocio, acciones, inversiones, o pensiones, ni a dividendos de sus inversiones. Todas las riquezas son creación Suya y El tiene formas ilimitadas de ponerlas en sus manos para Su gloria.

La experiencia que tuvimos en nuestra juventud del milagro de los billetes de un dolar me enseñó que Dios puede llevar a cabo milagros materiales tan fácil como llevar a cabo milagros espirituales o físicos.

Capítulo 20

La clave para la abundancia

UNO DE LOS MAS importantes aspectos de la buena vida es el principio de sembrar para cosechar.

El apóstol Pablo dijo: *Todo lo que sembrares, eso también segarás.* Gálatas 6:7

En el comienzo de los tiempos, Dios puso una ley que jamás ha cambiado:

Mientras el mundo exista, habrá siembra y cosecha. Génesis 8:22 - Versión Popular Dios Habla Hoy

El principio acerca de sembrar, o dar para cosechar o para recibir, es uno de los fundamentos básicos de la buena vida.

Todo tiene su comienzo en la forma en la cual Dios nos ama. *De tal manera amó Dios, que dio.* Juan 3:16

No hay forma de amar sin dar.

No hay forma de dar sin recibir.

No hay forma de sembrar sin cosechar.

No amemos de palabra ni de lengua, sino de hecho y en verdad. 1 Juan 3:18

Cuando amamos de verdad y de hecho, sembramos semillas que nos devolverán una cosecha de todo el amor que expresemos.

Cuando damos, estamos sembrando semillas que nos regresarán multiplicadas con creces.

Cuando sembramos, estamos sembrando semillas que germinarán milagrosamente y producirán según su género en medida aumentada y abundante.

Es imposible amar sin ser amado; dar sin recibir, ni sembrar sin cosechar.

Hay dos principios que son infalibles:

1. Siempre cosechamos de la misma clase de la semilla que sembramos.

2. Siempre cosechamos más que lo que sembramos.

Estas leyes son verdad en todos los aspectos de la vida. Siempre han existido y siempre permanecerán ciertas.

Ame y le amarán.

Ayude y le ayudarán.

Ofrezca bondad y recibirá bondad.

Siembre misericordia y recibirá misericordia.

Dé y recibirá más que todo lo que dé. Siembre y cosechará más que todo lo que haya plantado.

Se cuenta de un campesino a quien "le gustaba estar seguro en la vida". Allí estaba sentado en los escalones de su choza, harapiento, descalzo y desolado.

Entonces un forastero pasó por allí y le pidió un poco de agua. Luego le preguntó:

"¿Cómo le va con la siembra de algodón?"

"No tengo ninguna", le dijo el campesino.

"¿Qué, no sembró ninguno?" le preguntó el forastero.

"No lo sembré", fue la respuesta. "Le tuve miedo a los gusanos que se lo comen".

"Bueno", inquirió el extraño: "¿Cómo le va con el maíz?"

"No sembré ninguno. Tuve miedo que no le lloviera".

"¿Entonces sembró papas?"

"No sembré ninguna. Le cogí miedo a los insectos que se las comen".

"Bueno, ¿entonces que sembró en sus terrenos?"

"Nada. A mí me gusta estar seguro en la vida".

Antes de usted conocer la vida próspera, feliz y exitosa tiene que aprender a sembrar primero.

Siembre amor, misericordia, bondad, fortaleza, fe y dinero; siembre todo lo bueno que Dios le haya dado a usted, y recogerá una cosecha abundante de la misma bendición que sembró.

Capítulo 21

Dos palabras que cambiaron nuestras vidas

LA BUENA VIDA que ofrece un vivir abundante en Cristo Jesús, es una vida de fe. Es una vida de confianza en Dios. Uno llega a conocer que *Dios es y que él premia a quienes sinceramente le buscan.* Hebreos 11:6 BV

A fin de saber que Dios es real y que Sus promesas en la Biblia merecen tenerle confianza, usted debe ponerles a prueba. Toda persona creyente debe hacerlo alguna vez en su vida, si quiere darle significado a su experiencia cristiana.

Dios lo sabe y específicamente nos ha desafiado a ponerlo a prueba. Pero este desafío es lanzado utilizando las bases menos esperadas.

Jamás olvidaré el día que lo aprendimos y cambió nuestras vidas. Desde entonces, siempre que hemos ayudado a otras personas a posesionarse de este secreto que Dios nos reveló, la felicidad, la salud, el éxito y la prosperidad han comenzado a llenar sus vidas y llenarán la suya también.

Tuvimos una experiencia especial con Dios durante una crisis económica.

Nos habíamos sobrepasado en nuestros compromisos en la obra misionera de evangelismo. Nuestros enormes programas son planeados con mucho tiempo de adelanto. Algunas veces toma meses negociar grandes contratos para la impresión de literatura y embarcar el papel a los impresores en ultramar; o lograr que las herramientas sean despachadas y abrirse paso por la burocracia y el papeleo necesarios para que los equipos que enviamos pasen por las aduanas y entren a distintos países; o planear una campaña y concretar todos los detalles para llevar a cabo grandes saturaciones con el evangelio.

De manera que, nos habíamos comprometido a un sinnúmero de proyectos evangelísticos en varios países en un corto período de tiempo. Los compromisos habían sido hechos con varios meses de adelanto. Nos habíamos movido por fe. Sentimos que las necesidades eran urgentes. Vimos puertas abiertas en un momento preciso y que quizás no permanecerían abiertas por mucho tiempo, así que seguimos prometiendo brindar nuestra ayuda.

Entonces, tal parece que todas las obligaciones que asumimos se vencieron de un golpe. Sencillamente, no teníamos los fondos necesarios para cubrir las necesidades más urgentes.

Además de todo eso, estábamos listos a salir para otra gran cruzada en ultramar. Había que comprar los boletos del avión, enviar los equipos, además de todos los gastos de la cruzada que habían que hacerse.

En momentos como esos Satanás lanza acusaciones fuertes, tales como: "¿Ustedes piensan que tienen fe? ¿Dicen que están haciendo lo que está más cerca al corazón de Dios? ¿Hablan de alcanzar a la gente no evangelizada y dicen que Dios depende de ustedes? Ahora, ¿dónde está su Dios, donde se encuentran sus asociados? Citan versículos de las Escrituras tales como: *¿Buscad primeramente el reino de Dios y su expansión, y todas las demás cosas os serán añadidas*? Pero ahora ven que no es verdad. Ustedes han dado su prioridad a los no evangelizados, pero Dios les ha abandonado. Esta vez no les va a suplir sus necesidades".

Daisy y yo escogimos retirarnos por una semana para ayunar, orar y escuchar.

Orábamos y esperábamos delante de Dios, buscando Su respuesta, cuando oímos estas palabras: "Probadme. Probadme ahora, dice el Señor".

Sabía dónde estaban estas palabras en la Biblia. Sabía que tenían que ver con los diezmos y las ofrendas.[Malaquías 3:10] Pero no podía relacionar estos versículos con nuestra situación. Además, suponía que habían muchos otros lugares en la Biblia donde Dios decía que lo pusiéramos a prueba.

Así que comenzamos a escudriñar la Biblia. Intentaba hacer una lista de los versículos de las Escrituras en los cuales Dios dijo a Su pueblo que lo pusieran a prueba. Los iba a organizar y ver si podía descubrir un modelo por el cual Dios pudiera clarificar lo que me estaba diciendo.

Me sorprendí ante lo que descubrí. En la Biblia, hay sólo una vez en la cual Dios llamó a Su pueblo que para lo pusieran a El a prueba. Y se relacionaba con el dinero lo cual era nuestro problema inmediato.

Necesitábamos el dinero para la obra de evangelismo.

Solamente con dinero podíamos cumplir nuestros compromisos evangelísticos.

Predicar el evangelio requiere dinero. El peso de nuestra carga era por falta de dinero. Estábamos orando pidiendo dinero.

El diablo nos había acusado en cuanto al dinero. Había incriminado a Dios de no preocuparse por las almas porque faltaba dinero.

De modo que el problema estaba en el dinero y ahora Dios me había hablado: "Probadme. Probadme ahora".

Había hecho el descubrimiento que cuando Dios había lanzado ese desafío lo hizo en relación al dinero.

En ese día, por vez primera, nuestra necesidad y las provisiones de Dios tomaron la misma perspectiva y el mismo enfoque.

Reconocimos lo siguiente: Cristo dio la Gran Comisión. Luego El nos designó a nosotros y a todo creyente a llevarla a cabo. Algunos *irían*, Marcos 16:15 otros *enviarían*. Romanos 10:15 Llegué a una conclusión: las personas somos Sus agentes. Los humanos como usted y yo estamos llamados a hacerlo porque Dios escogió usar a los seres humanos para cumplir Su obra.

Dios nos coloca aquí en la tierra poseyendo sólo nuestras almas. Entonces nos confía a los seres humanos todas las cosas de la tierra, posesiones, casas, tierras y dinero, con el fin ponernos a prueba como Sus mayordomos.

Luego Dios dijo: *Traed vuestros diezmos y ofrendas* (tu dinero) *y ponedme a prueba. Probadme ahora en esto, si no os abriré las ventanas de los cielos, y derramaré sobre vosotros bendiciones hasta que sobreabunde.* Malaquías 3:10

Entonces dice al granjero o al agricultor: *Tus cosechas serán grandes porque yo las cuidaré de los insectos y de las plagas. Tus uvas no caerán antes de madurar.* Malaquías 3:11 BV

Nótese que la misma providencia está disponible en *la ciudad como en el campo.* Deuteronomio 28:3

El nos dice que llevemos a El nuestro dinero (diezmos y ofrendas o primicias) y lo pongamos a prueba como nuestro único proveedor. A cambio, El pone a prueba Su pacto abriendo las ventanas del cielo, dándonos más de lo que El nos confió la primera vez para que nosotros, en respuesta, podamos probar más a Dios y recibir una porción más grande, siendo el objetivo que llevemos a cabo Su voluntad en la tierra.

Cuando finalmente reconocí que la única vez que Dios ha pedido que lo pongamos a prueba es con nuestro dinero, francamente que quedé impactado. Jamás en mi vida cristiana había pensado que el dinero tuviera importancia espiritual.

Según yo pensaba, Dios era espiritual y el dinero era carnal. Toda mi vida había sido pobre financieramente; lo que sabía acerca del dinero fue lo que aprendí de la gente religiosa a mi alrededor: que era malo, que debía cuidarme de él y nunca desearlo, que la única forma de mantenerme humilde y sumiso a la voluntad de Dios era siguiendo pobre.

Pero ese día en oración, pidiendo a Dios que proveyera para las necesidades apremiantes de la obra de evangelismo, oí a Dios decirme: "Probadme. Probadme ahora".

En ese entonces hice el descubrimiento impresionante de que la única vez que Dios dijo a

Su pueblo que lo pusieran a prueba, fue con el dinero.

Fue la primera vez en mi vida que vi el dinero como Dios lo ve.

Sólo Dios sabe lo que acontecería en la obra de llevar *el evangelio a toda criatura*Marcos 16:15 si todo predicador, maestro y laico cristiano cambiara sus perspectivas religiosas en cuanto al dinero por las ideas y actitud que Dios tiene al respecto.

Porque el dinero representa la vida. Cuando a usted se le paga su salario, ese dinero representa el período de su vida que tomó para ganarlo. Jamás volverá a vivir esa parte de su vida. Jamás volverá a ganar ese dinero en particular una vez más. Su salario representa una porción de su vida, en forma monetaria.

Es por eso que el dinero está valorado muy cerca de su misma vida. Es la posesión terrenal que más se atesora. Instintivamente usted lo cuida más que nada, excepto su vida.

Cristo dijo: *Donde está vuestro tesoro, allí estará también vuestro corazón.*Lucas 12:34

Ahora entiendo por qué Dios dice: *Traedme tu dinero y ponedme a prueba con él.*

El le pide el más apreciado tesoro temporal que pueda tener, ya sea usted un millonario o la viuda que sólo tenía dos pobres monedas.Marcos 12:42-44

Dios está diciendo: Si confía en mí con todo su dinero, confiará también con la vida. Cuando usted deposite el dinero en mis manos, estará evidenciando que confiará en mí también con su alma.

Desde el principio de los siglos, la gente de fe

en Dios ha consagrado a El ofrendas de lo mejor que han tenido. Génesis 4:3-4; 8:20; 22:9-14; Exodo 12:5; Levítico 22:21; Números 18:12 La Biblia le llama: *primicias* 2 Crónicas 31:5; Nehemías 10:35-37 lo primero y lo mejor para la obra de Dios. Exodo 22:29-30; Exodo 23:19

Existe muy poco en la vida de fe en Dios que no toque nuestro dinero en alguna forma, porque el dinero representa la vida. Lo que usted hace con su dinero equivale a lo que hace con su vida. Lo que usted cree es evidenciado por lo que hace con su dinero y donde dónde es que lo pone. Mateo 6:21

Es por eso que el llamado de Dios a cada uno de Sus hijos e hijas es: *Probadme ahora en esto, dice el Señor.*

Luego, El establece Su convenio o pacto diciendo:

Derramaré sobre vosotros bendición (mucho más dinero del que trajiste) *hasta que sobreabunde.*

Usted pone su dinero en la obra de Dios cuando realmente cree en El. Es por eso que Dios dice que le lleve su dinero y lo ponga a prueba. Y verá lo que El le dará en retorno.

Cuando usted ponga su dinero en la obra de Dios, su corazón estará en la obra de Dios porque pone su dinero en aquello que usted cree. El dinero es evidencia de su fe.

De manera que Dios le pide que lo ponga a El a prueba con su posesión terrenal más atesorada, a fin de evidenciar que usted confía en El para que también posea su más valiosa posesión espiritual: su alma. Marcos 8:36-37

Entonces El promete devolverle, con abundancia, más de lo que usted le confió, en evidencia de que El es real y que Su pacto tiene validez y está vigente hoy.

Honra al Señor dándole la primera porción (lo primero y lo mejor) *de todos tus ingresos* (cosas temporales) *y El llenará tus graneros de trigo y cebada hasta rebosar.* Proverbios 3:9-10 BV

La ley de Dios establece que usted le dé lo mejor que tiene, en evidencia de su fe en El, con el fin de ponerlo a prueba a El y a Su palabra. Entonces se lo devolverá con creces.

"Probadme. Probadme ahora", dice Dios. Es significativo que El me dijera esas palabras cuando yo estaba tan cargado por la necesidad de dinero. Fue en ese entonces que el pacto de abundancia de Dios nació en mi corazón.

Vi que Su palabra decía: *Probadme ahora, dice el Señor, para que prosperes.*

Desde ese día, vi al dinero desde la perspectiva de Dios. Sabía que debía compartir con toda la demás gente esta verdad de importancia vital para la vida cristiana.

Reconocimos que algunos nos criticarían por hablar o escribir acerca del dinero. Pero sería la gente que generalmente *tiene amor al dinero* 1 Timoteo 6:10 a tal grado que no pondrían a prueba a Dios con él. Otros serían aquellas personas sinceras pero prejuiciadas acerca del dinero debido a sus tradiciones religiosas. Mucha de esa gente jamás ha estado seriamente interesada en compartir el evangelio con todo el mundo, una misión que requiere millones de dólares.

Yo sabía que Dios podía confirmar Su pacto de abundancia por medio de milagros materiales sólo con quienes ejercitaran su fe en Sus promesas, y sabía que *la fe es* (sólo) *por el oír de la palabra de Dios.* Romanos 10:17

De manera que comencé a desarrollar una serie de lecciones que enseñaran las promesas de Dios relacionadas con el dinero, la riqueza y la prosperidad. Quiero ayudar a los cristianos a aceptar la actitud de Dios acerca del dinero en lugar de guardar una actitud religiosa prejuiciada y negativa al respecto.

Reconocí que la gente debe ser enseñada sobre cuál es la voluntad de Dios en cuanto a las bendiciones materiales, así podrían ejercer su fe según lo aprendido. Dios quiere que Su pueblo vea que El *es quien da poder para hacer las riquezas.* Deuteronomio 8:18 *Bienes y riquezas son don de Dios.* Eclesiastés 5:19 *¡Al Señor le agrada el bienestar de su siervo!* Salmo 35:27 - Versión Popular Dios Habla Hoy El desea que usted *sea prosperado en todas las cosas.* 3 Juan 1:2

Así que le dice: *Trae tu dinero y pruébame con él. Ponme a prueba.* Verás cómo abriré el cielo y te devolveré una cosecha mayor de lo que sembraste y tus graneros sobreabundarán.

Cuando Dios me habló esas palabras, vi en ellas Su pacto de abundancia, Su pacto de prosperidad.

Entendí cómo nosotros sembramos al extender nuestras manos para llegar a la demás gente, y cómo luego cosechamos cuando Dios extiende Su manos para llegar hasta nosotros. Lucas 6:38

Existen tres bendiciones definidas garantizadas en el pacto de abundancia de Dios para todo cristiano que se envuelva en la Tarea Número 1 de Dios: llevar el evangelio a los demás.

1. Todas sus necesidades espirituales, físicas y financieras, son completamente suplidas.

2. Almas serán salvas por todas partes donde

su dinero sea sembrado en la obra de evangelismo.

3. Habrá prosperidad financiera para usted, recibirá una cosecha como resultado de sus ofrendas dadas como fe-semilla.

Dios prometió que si usted lo honra a El con sus primicias (lo primero y lo mejor que usted tenga), que sus graneros estarán llenos en abundancia. Proverbios 3:9-10 Cada semana separe las primicias de su dinero-semilla. Luego, antes de pagar una sola deuda suya, siembre su primicia en la tarea número 1 de Dios para evidenciar que la obra de Dios ocupa el primer lugar en su vida.

Cuando lo ponga a El en primer lugar con sus primicias, entonces podrá reclamar lo mejor que El tiene para su vida.

Ponga Su pacto a prueba y vea el resultado por usted mismo. El *no ha faltado en ninguna palabra de todas sus promesas que expresó.* 1 Reyes 8:56

Capítulo 22

Promesas de prosperidad

DIOS CREO A todo hombre y a toda mujer para vivir la buena vida.

No es Su voluntad que nadie viva una vida de pecado, culpa, enfermedad, sufrimiento, fracaso ni pobreza. Ninguno de éstos es la voluntad de Dios.

Toda la Biblia es el plan Dios revelando Su salvación completa y total para la totalidad del ser humano tanto espiritual, material como fisicamente.

La buena vida abundante que Dios nos ha dado tan generosa y misericordiosamente por medio de Cristo Jesús, incluye todas las bendiciones y provisiones que podamos desear en todo momento, siempre y cuando aceptemos a Cristo como Señor de nuestras vidas y nos esforcemos por honrarle y servirle en todo lo que pensamos, decimos y hacemos.

Esto nos da la perspectiva correcta en todas las bendiciones físicas, espirituales y materiales que recibimos de Dios.

Bendito el Señor, cada día nos colma de beneficios, el Dios de nuestra salvación. Salmo 68:19

Juan el apóstol amado, quien quizás mejor que nadie conocía cuál era la voluntad de Dios para toda persona que cree en Cristo dijo:

Amado, yo deseo que tú seas prosperado en todas las cosas, y que tengas salud, así como prospera tu alma. 3 Juan 1:2

La palabra *prosperar*, en el original griego, claramente incluye abundancia financiera.

Para recibir las bendiciones materiales de Dios por la fe, 1) usted debe convencerse de que es la voluntad de Dios que prospere financieramente, y 2) debe estar dispuesto a aceptar la responsabilidad de una buena mayordomía. 1 Corintios 4:2; Lucas 161-2; 16:8-11; 1 Pedro 4:10; 1 Timoteo 6:17-18

Dios desea que usted prospere en tres formas, según el apóstol Juan, que son: 1) financieramente, 2) físicamente y 3) espiritualmente, una prosperidad completa para la totalidad de la persona.

Todas las riquezas del mundo fueron creadas por nuestro Padre. El oro, la plata, el petróleo, los minerales, las piedras preciosas, los campos, las bandadas de aves y los rebaños de animales son todos creación de nuestro Padre. El es dueño de todo. Exodo 19:5; Levítico 25:23; Salmo 50:10-11; Hageo 2:8

Nosotros sólo somos mayordomos temporales de las riquezas de la tierra. Dios, nuestro Padre, es el dueño permanente. Cuando lo necesita para Su obra, El solamente tiene que ajustar las circunstancias y poner parte de esas riquezas en nuestras manos a fin de que las usemos para Su gloria.

Como cristiano, he aquí dos verdades básicas de la buena vida de Dios que usted debe conocer:

1. Su Padre creó toda las riquezas en esta tierra y son de El. El tiene el poder para colocarlas en sus manos para ser utilizadas en Su obra, y lo hará una vez usted reclame Sus promesas y actúe confiando en ellas por la fe.

2. Su Padre desea que usted comparta la prosperidad financiera que disfrute para Su gloria y para Su obra. La pobreza es del diablo, como lo son la enfermedad, la opresión o todas aquellas cosas que estorben o limiten su felicidad y su capacidad para ganar almas.

Estas dos verdades tendrán un efecto en la actitud total que usted tenga en cuanto al dinero.

Dios conoce su altura.[Lucas 12:25] El conoce el número de cabellos de su cabeza[Mateo 10:30]. Todos los pajarillos son contados,[Lucas 12:6] y El se preocupa por cada una de las necesidades que usted tenga.[Salmo 31:19; Isaías 64:4; Filipenses 4:19] El alimenta a las aves y viste a los lirios[Lucas 12:27-28] y es Su voluntad que usted viva en abundancia.[Juan 10:10]

El plan de Dios es que usted sea salvo y disfrute de Sus bendiciones, sea feliz, esté saludable, sea próspero, tenga éxito y sea sabio. Si fuera pecaminoso poseer riquezas, entonces Dios no las hubiera creado ni hubiera prometido que usted las podría tener.

El mundo de abundancia a nuestro alrededor es amplia evidencia de que nuestro Padre celestial quiere que vivamos en esa abundancia. Dios creó suficiente de manera que todos podamos disfrutar según la necesidad o deseo que tengamos.

¿Podría usted imaginarse unos padres que

no quisieran lo bueno ni la prosperidad para sus hijos? ¿Podría Dios tener menos amor y ser menos bueno que los padres terrenales?

Si vosotros, siendo malos, sabéis dar buenas dádivas a vuestros hijos, ¿cuánto más vuestro Padre que está en los cielos dará buenas cosas a quienes le pidan? Mateo 7:11

La tradición religiosa parece inferir que es la voluntad de Dios que Su pueblo sea pobre, incapacitado, derrotado, aplastado y triste. ¿Acaso es necesario vivir en la pobreza para permanecer humildes y ser piadosos? ¿Acaso se supone que estemos sujetos a la derrota y la impotencia y no evitar el pecado, la enfermedad ni el fracaso a fin de evitar el orgullo y la rebelión? ¿Acaso Dios nos enseña a tener paciencia, humildad y sumisión por medio del dolor, del sufrimiento físico y de la pobreza?

El cristiano promedio mantiene un concepto limitado de Dios, cuyos recursos nunca han sido totalmente utilizados. Por medio de este libro espero que pueda ver por sí mismo la abundancia de las provisiones que Dios tiene para usted.

Las verdades de la Biblia revelan que Dios ha prometido y ha provisto libertad del pecado y de las consecuencias de la naturaleza pecaminosa. El ha prometido salud y bienestar físicos así como ha prometido riquezas materiales, éxitos y abundancia. No puede haber fracaso en la vida para la persona que utilice los recursos abundantes de Dios.

Todas las riquezas de este planeta fueron creadas por nuestro Padre celestial. Son buenas. El las proveyó, no para que los incrédulos las monopolicen, sino para la prosperidad y bendición material de Sus hijos que hacen Su voluntad.

El dinero y la prosperidad material son bendiciones que Dios desea que Sus hijos tengan, de manera que puedan asociarse con El en Su Tarea Número 1 que es la de llevar el evangelio a las demás personas.

Las Escrituras nos prometen todo lo que es bueno y que contribuye a la felicidad, a la satisfacción y al gozo. Dios es bueno, y El desea buenas cosas para usted.

Parte de la bendiciones que Dios incluyó en Su pacto son aquellas que El da a todos *quienes oyen la voz del Señor* de *que El les hará sobreabundar en bienes.* Deuteronomio 28:1,11

Puede que sea de gran sorpresa para muchos saber que Cristo habló más del dinero que del cielo y del infierno.

Dios ha prometido vida abundante, la buena vida. Jesucristo vino para que usted *tenga vida y la tenga en abundancia.* Juan 10:10 - versión en francés

Parece increíble que la tradición religiosa pase por alto tantas promesas de prosperidad material para quienes se entregan a cumplir la voluntad de Dios en la tierra. Nuestra prioridad máxima en la tierra es llevar el mensaje de Cristo *a toda criatura.* Esto demanda dinero. Es por eso que es la voluntad de Dios que prosperemos.

Bienes y riquezas son don de Dios. Eclesiastés 5:19

Bienaventurado el ser humano que teme al Señor, y en sus mandamientos se deleita. Bienes y riquezas hay en su casa. Salmo 112:1,3

El Señor se deleita en la prosperidad de su siervo. Salmo 35:27 Eso se refiere a usted y se refiere a la prosperidad financiera.

No quitará el bien a quienes andan en integridad. Salmo 84:11

Para hacer que quienes me aman tengan heredad, y que yo llene sus tesoros. Proverbios 8:21

Cuida de hacer conforme a (mi palabra) *para que seas prosperado en todas las cosas que emprendas.* Josué 1:7

Guardaréis, pues, las palabras de este pacto, para que prosperéis en todo lo que hiciereis. Deuteronomio 29:9

Anda en los caminos de Dios, para que prosperes en todo lo que hagas y emprendas. 1 Reyes 2:3

El Señor te hará sobreabundar en bienes. Deuteronomio 28:11

La bendición de Jehová es la que enriquece. Proverbios 10:22

Jehová es mi pastor, nada me faltará. Salmo 23:1

Los que buscan a Jehová no tendrán falta de ningún bien. Salmo 34:10

Bendito el Señor; cada día nos colma de beneficios. Salmo 68:19

Buscad primeramente (la expansión mundial del reino de Dios) *y todas estas cosas os serán añadidas.* Mateo 6:33 - Versión Revisada en Inglés

El quiere que prosperes en todo lo que emprendas, que seas prosperado y todo te salga bien. Josué 1:5-9

Y te hará Jehová sobreabundar en bienes. Te abrirá el Señor su buen tesoro, para bendecir toda obra de tu mano. Deuteronomio 28:11-12

Comeréis hasta saciaros, y alabaréis el nombre de Jehová vuestro Dios, el cual hizo maravillas con vosotros. Joel 2:26

Dios da riquezas, bienes y facultad para que te goces de tu trabajo, esto es don de Dios. Eclesiastés 5:19

Sea exaltado el Señor: a él le agrada el bienestar de sus siervos y siervas. Salmo 35:27 - Versión Popular Dios Habla Hoy

Bienes y riquezas tendrás en tu casa. Salmo 112:1,3

Contigo está el manantial (la fuente) *de la vida.* Salmo 36:9

Jehová empobrece, y él enriquece. 1 Samuel 2:7

Oh, Señor, las riquezas y la gloria proceden de ti. 1 Crónicas 29:12

Oh, Señor, la tierra está llena de tus beneficios. Salmo 104:24

Creed en el Señor vuestro Dios, y seréis prosperados. 2 Crónicas 20:20

Me hallan quienes temprano me buscan. Las riquezas y la honra están con ellos. Proverbios 8:17-18

Las riquezas de esta tierra pertenecen a nuestro Padre. *Mía es la plata, y mío es el oro, dice el Señor.* Hageo 2:8 *Mía es toda la tierra.* Exodo 19:5 *La tierra es mía.* Levítico 25:23 *Porque mía es toda bestia del bosque, y los millares de animales de los collados.* Salmo 50:10

Dios nos amonesta en contra de atribuir los bienes que adquirimos a nuestras destrezas o habilidades comerciales. Nos muestra claramente que es Su voluntad que Sus hijos *hereden una buena tierra donde el alimento es abundante, donde edificarán casas hermosas, donde el ganado y el rebaño engrandecerán y el oro y la plata serán multiplicados.* Deuteronomio 8:7-13 Esa es Su voluntad para usted.

Luego El amonestó: *Cuídate de no olvidarte*

de Jehová tu Dios y digas en tu corazón: Mi poder y la fuerza de mi mano me han traído esta riqueza. Deuteronomio 8:11,17

En términos inconfundibles Dios dijo:

Acuérdate de Jehová tu Dios, porque él te da el poder para hacer las riquezas. Deuteronomio 8:18

El dijo además: *Honra al Señor con las primicias de todos tus frutos; y serán llenos tus graneros con abundancia.* Proverbios 3:9-10

Dios dice que le traiga los diezmos y ofrendas, diciéndole: *Probadme ahora en esto, si no os abriré las ventanas de los cielos, y derramaré sobre vosotros bendiciones hasta que sobreabunde.* Malaquías 3:10

Cristo dijo: *No hay nadie que haya dejado casa, o hermanos, o hermanas, o padre, o madre, o cónyuge, o hijos, o tierras, por causa de mí y del evangelio, que no reciba cien veces más ahora en este tiempo; y en el siglo venidero la vida eterna.* Marcos 10:29-30

Dijo además el Señor: *Dad, y se os dará; medida buena, apretada, remecida y rebosando; porque la medida con que medís, será usada para volveros a medir.* Lucas 6:38

Dad y se os dará es un absoluto como lo es: *Pedid, y recibiréis.* Juan 16:24

Todas las promesas de Dios son en él Sí y Amén. 2 Corintios 1:20

Dios creó abundancia de todo. El nos puso a todos nosotros en medio de esa abundancia. El es rico. El nos recibe cuando nosotros recibimos a Cristo. El desea y es Su voluntad que gocemos de Su abundancia, espiritual, física y materialmente.

Hay innumerables porciones de las Escrituras que nos dicen que Dios quiere que Sus hijos prosperen y sean bendecidos materialmente, siempre y cuando la motivación sea correcta.

Poderoso es Dios para compensarles con creces y de tal manera que no sólo tengáis para satisfacer las necesidades propias sino también para dar con alegría a los demás.

Porque Dios, quien da las semillas al agricultor y las hace crecer para que coseche y coma, te proporcionará semillas en abundancia y buenas cosechas para que cada vez puedas dar mayores ofrendas.

Sí, Dios te dará en abundancia para que puedas dar en abundancia, y cuando entregues las dádivas a quienes lo necesitan ellos prorrumpirán en acción de gracias y alabanzas a Dios. 2 Corintios 9:8-11 BV

Mi Dios suplirá todo lo que os falta. Filipenses 4:19

A fin de Dios suplir sus necesidades, El debe proveerle dinero. Usted necesita dinero para satisfacer sus necesidades y luego llevar adelante la voluntad de Dios en la tierra. Usted está aprendiendo aquí el secreto financiero de Dios así como el secreto de las bendiciones espirituales y físicas que son suyas.

Dios es bueno, y El desea manifestar Su bondad para con usted. *Me alegraré con ellos haciéndoles bien de todo mi corazón y de toda mi alma* Jeremías 32:41 y nuestro Dios tiene un corazón y un alma muy grandes.

Capítulo 23

Adquiriendo la actitud de Dios hacia el dinero

PARA DESARROLLAR Y llevar la Tarea Número 1 de Dios en la tierra, o sea, para llevar el evangelio *a toda criatura,* necesitamos liberarnos de la tradición religiosa que señala al dinero como malo y a la pobreza como sagrada.

El dinero no es malo. *Porque raíz de todos los males es el amor al dinero.* 1 Timoteo 6:10

Bienes y riquezas son don de Dios. Eclesiastés 5:19

Cristo dijo: *Bucad primeramente la expansión mundial del reino de Dios, y todas estas cosas os serán añadidas.* Mateo 6:33 - Versión Revisada en Inglés

Como podrá ver, Dios prometió suplir todas sus necesidades, si vive conforme a Su propósito y ejecuta Su voluntad.

Mi Dios suplirá todo lo que os falta conforme a sus riquezas en gloria en Cristo Jesús. Filipenses 4:19

No quitará el bien a los que andan en integridad. Salmo 84:11

Cristo prometió: *Todo lo que pidiereis orando, creed que lo recibirás, y os vendrá.* Marcos 11:24

Para que sus necesidades sean suplidas,

usted necesita dinero. Para que Dios supla sus necesidades, El tiene que ayudarle a adquirir dinero. En la Biblia está escrito que El lo hizo así. Y de igual forma lo hará hoy.

La Biblia enseña que Dios nunca cambia.Malaquías 3:6 El es el gran *Yo soy.*Exodo 3:14-15 *Jesucristo es el mismo ayer, y hoy, y por los siglos.*Hebreos 13:8

Si usted leyera las peticiones de oración que nos llegan en la correspondencia, entendería que la gente tiene necesidades materiales reales que cuestan dinero.

Personas de todo el mundo nos escriben y piden la oración para que Dios les provea el dinero para pagar sus deudas o que necesitan obtener un auto, comprar una casa o alquilar un apartamiento. Quieren un empleo o mejores ropas o mejores negocios.

Necesitan dinero para hacer un viaje, para una inversión comercial o industrial, para herramientas comerciales, para reparaciones de sus casas, auto o equipo.

Piden oración para que Dios intervenga en sus necesidades económicas para comprar medicina, para cuidado hospitalario, arreglos dentales y espejuelos; para comprar ganado, ovejas, pollos u otros animales domésticos; para sembrar, cultivar, fumigar o cosechar sus siembras; para hacer reparaciones o nuevas inversiones; para tener los gastos para mudarse de una ciudad a otra; para un viaje en tren, para gasolina, para mil y una necesidad material.

Piden que oremos por esas necesidades. Y nosotros oramos diariamente por esas cosas y nuestra correspondencia diaria revela evidencias abundantes de cómo Dios contesta la oración y suple las necesidades materiales, con frecuencia mediante milagros inexplicables. Jeremías 32:17,27; Lucas 18:27

Aparte de la necesidades espirituales de la gente, la mayoría de las demás necesidades requieren dinero. Las cosas cuestan dinero. Dios creó todas las riquezas de esta tierra no para que los incrédulos las monopolicen, sino para la prosperidad de Sus hijos que hacen Su voluntad. De modo que Dios está genuinamente interesado en sus necesidades materiales y temporales.

La Biblia contiene innumerables promesas de prosperidad financiera y material. Pero con frecuencia sólo oímos el lado negativo del tema:

Que *raíz de todos los males es el amor al dinero.* 1 Timoteo 6:10

Que *al que ama el dinero, no se saciará de dinero.* Eclesiastés 5:10

Que *¡cuán dificil les es entrar en el reino de Dios a quienes confian en las riquezas!* Marcos 10:24

Que *el joven rico rechazó a Jesús y se puso muy triste, porque era muy rico.* Lucas 18:23

Que quién confia en sus riquezas caerá. Proverbios 11:28

Que *quienes quieren enriquecerse caen en tentación y lazo, y en muchas codicias necias y dañosas, que le hunden en destrucción y perdición.* 1 Timoteo 6:9

Que *las riquezas engañan.* Mateo 13:22

Estas y muchas otras citas de las Escrituras constituyen el lado negativo del tema, y esas amonestaciones deben ser escuchadas cuidadosamente. Pero para obtener la perspectiva de Dios hacia el dinero, debemos entender que el dinero en sí no es malo. Es *el amor al dinero* lo que *es raíz de todos los males.*

Dios jamás tuvo la intención de que Su pueblo viviera en la pobreza, como tampoco fue Su intención de que *pusieran la mira en las cosas de la tierra.* Colosenses 3:1-2; Juan 2:15-17

Todo el tiempo se nos amonesta a *no poner la esperanza en las riquezas,* 1 Timoteo 6:6-7,17 y que *si se aumentan las riquezas, no pongamos el corazón en ellas.* Salmo 62:10 Es por eso que Jesucristo enfatizó diciendo: ¡*Cuán difícil les es entrar en el reino de Dios, a quienes confían en las riquezas!* Marcos 10:24 Debemos *confiar en el Señor.* Salmo 37:3; 91:2; 73:28; 115:11-12; Proverbios 3:5

Cuando usted confía en las riquezas, Salmo 20:7 deja de ver la necesidad de confiar en Dios. Toda su perspectiva al respecto se distorsiona por una seguridad falsa en las riquezas, las cuales pueden desaparecer con mucha facilidad.

Ese fue el detalle al cual Francisco de Asís se sintió llamado a demostrar con su voto de pobreza perpetuo. El vivió en época de arrogancia de la aristocracia y del dominio despiadado de los ricos contra los pobres. Francisco de Asís hizo su voto peculiar delante de Dios en forma de poder manifestar al mundo que había algo que existía más valioso que el oro. Y él dejó una huella indeleble en la historia humana.

Dios no demandó aquello de Francisco de Asís. El lo hizo como demostración de su intenso amor personal hacia Dios.

Cuando la codicia, la lascivia y la envidia impulsan sus motivaciones para perseguir y usar las riquezas, tarde o temprano *llorará y aullará por las miserias que le vendrán*, según lo dijo Santiago. *Vuestras riquezas están podridas y vuestras ropas comidas de polillas. Vuestro oro y plata están enmohecidos; y su moho testificará contra vosotros, y devorará del todo vuestras carnes como fuego.* Santiago 5:1-3

Cristo dijo al hombre *que hizo para sí tesoro, y no era rico en Dios: Necio, esta noche vienen a pedirte tu alma; y lo que has provisto, ¿de quién será?* Lucas 12:20-21

Es cierto que las bendiciones financieras han causado que alguna gente se aparte de Dios, pero es que desde el comienzo sus motivaciones eran incorrectas. Lo más probable es que de todas maneras se hubieran apartado de Dios. ¿Acaso porque algunos han abandonado su fe, confiando en sus riquezas, debemos culpar por ello al amor abundante de Dios y a Su providencia?

Hay quienes se apartan de Dios y pecan por causa de la obesidad Deuteronomio 21:20; Proverbios 23:1-2,21; Filipenses 3:18-19; Lucas 12:19-20 o por la forma en que visten. Lucas 16:19; 1 Samuel 16:7; 1 Pedro 3:3-4 VR; Juan 7:24 Una persona puede llenarse de orgullo por sus ropas, su automóvil nuevo así como por sus riquezas. Pero no debemos culpar a la buena comida ni a la ropa ni a los automóviles ni a las buenas casas por el hecho de que alguna gente que los adquiere abandona su fe en Dios.

¿Debemos pensar que estas cosas son malas porque afectan negativamente a algunas personas? No, como tampoco debemos razonar que la prosperidad, la salud y las bendiciones abundantes son malas porque algunas personas que han logrado tenerlas no sirven a Dios.

La estrategia del diablo es promover ideas acusatorias en contra de la abundante providencia de Dios y convencer a la gente de que la prosperidad es mala, que la pobreza y el sufrimiento son sinónimos de la piedad, a fin de lograr que millones rechacen a Dios.

Toda persona cristiana está consciente de que se debe estar alerta a los aspectos negativos que existen en potencia tanto en las bendiciones físicas como en las financieras, sin excluir la arrogancia espiritual.

Algunas personas tienen un orgullo espiritual tremendo. Se consideran más santos que nadie y constantemente juzgan a los demás. Colosenses 2:18 Ese es un pecado espiritual.

Otros se enorgullecen de su atractivo físico, y menosprecian y desdeñan a quienes son menos robustos y carecen de buena apariencia. Gálatas 5:26; Colosenses 2:8; Filipenses 2:3-8

Algunos ostentan sus riquezas. Son soberbios y altaneros y tratan a los pobres con desdén. Proverbios 21:24; 26:12; Romanos 12:16; Santiago 4:6 Eso también es malo.

Pero estas actitudes pecaminosas no quieren decir que las bendiciones de la salvación, la salud y la prosperidad sean malas.

Entre todas las promesas y provisiones de la salvación, la tradición eclesiástica generalmente se opone a dos: 1) Los milagros de sanidad física, y 2) la prosperidad financiera y material.

Estas dos bendiciones son parte de la buena vida que Dios desea que usted tenga. El quiere que disfrute de ambos en abundancia.

Es conocido que los teólogos han limitado el poder de Dios a los milagros espirituales. Fácilmente admiten que la persona puede renacer espiritualmente. Pero con frecuencia rechazan la idea de que Dios realiza milagros físicos tales como sanar el cuerpo. La idea de que Dios puede suplir nuestras necesidades materiales, por lo general, sería considerado por ellos ridículo.

Pero el poder de Dios no se encuentra limitado a las cosas espirituales. El desea también suplir nuestras necesidades físicas y materiales. El desea manifestar Su poder milagroso en dimensiones físicas y materiales así como en la dimensión espiritual.

Jamás ha sido la voluntad de Dios que Sus hijos vivan bajo la maldición de la pobreza, de la necesidad ni del fracaso.

Las tradiciones religiosas nos presentan filosofías extrañas. Nos dicen que Dios creó todo el oro y la plata de la tierra, y que son obra de creación hechas desde el principio por Su palabra. Sin embargo, somos guiados a creer que sólo los inconversos deben poseer esas riquezas, que los creyentes cristianos deben ser pobres a fin de mantenerse humildes y sumisos.

¿No es extraña la forma en que estamos propensos a pasar por alto las Escrituras cuando ellas chocan la tradición? En el Capítulo 20 dimos muchas citas bíblicas, las cuales contradicen claramente la teoría de la pobreza de los creyentes.

Decir que el dinero, la riqueza y la prosperidad le harán carnal y orgulloso equivale a decir que la vida, la salud y la felicidad le harán tener una mente perversa y carnal.

¿Acaso sólo los inconversos deben poseer las riquezas de Dios? El creer que sólo el inconverso debe prosperar es igual a creer que sólo el inconverso debe tener vida y salud.

Pero la pobreza ha sido tan elogiada que muchos cristianos no se permiten considerar la prosperidad para sí mismos. Están persuadidos de que podrían retroceder en su fe, hacerse orgullosos, derrochadores o arrogantes si son bendecidos materialmente. De modo que viven bajo la atadura de la pobreza y jamás se asocian con Dios tal como El planeó que lo hicieran.

Esa actitud es una tradición vana, *invalidando la palabra de Dios*, Marcos 7:13 en cuanto a Sus bendiciones financieras. Usted debe convencerse de que es la voluntad de Dios que El quiere que prospere para el beneficio de Su obra y para Su gloria. Busque la prosperidad y reclámela por la fe, y luego actúe apoyado en la palabra de la promesa de Dios y *pelee la buena batalla de la fe* 1 Timoteo 6:12 a fin de apropiarse de ella.

Las religiones tradicionales alrededor del mundo, como regla general, enseñan que para ser espiritual, santo o humilde usted debe vivir en la pobreza, el sufrimiento y la incomodidad; que si uno es bendecido materialmente, está apto para ser orgulloso, no tener misericordia y ser malvado e impío.

Aunque esto ha ocurrido, también es cierto que alguna de la gente más cruel e impía en la tierra vive en la pobreza, robando, matando, destruyendo y odiando en su búsqueda de dinero. Aunque no toda la gente próspera sea generosa y amable, es cierto que alguna de la gente más noble, benévola y amable en la tierra son personas ricas materialmente, que dan, comparten, aman y esparcen cariño dondequiera que pueden auxiliar a los demás.

Este debe ser el motivo por el cual Agur oró: *No me des pobreza ni riquezas; manténme del pan necesario; no sea que me sacie, y te niegue, y diga: ¿Quién es Jehová? O que siendo pobre, hurte, y blasfeme el nombre de mi Dios.* Proverbios 30:8-9

Es un hecho que tanto las riquezas como la pobreza pueden ser malas, dependiendo de nuestra actitud. Pero también es evidente que si la Tarea Número 1 de Dios se ha de cumplir, es necesario que existan cristianos a quienes Dios pueda otorgar la responsabilidad de tener buena mayordomía para Su gloria.

Debemos aprender a recibir alegremente las bendiciones de Dios y utilizarlas para el bien de los demás, y evitar la tentación del orgullo pecaminoso y del uso impío de la abundancia. Lo importante es dar el uso correcto a las bendiciones de Dios.

Mucha gente dice: "Prefiero ser pobre y seguir siendo humilde y espiritual. Si tengo dinero, puedo hacerme orgulloso y carnal". ¿Cree que eso es cierto?

Es en este punto, yo creo, donde las tradiciones han puesto sus obstrucciones más astutas.

Los cristianos se han convencido de tal forma que la pobreza y los recursos limitados son una virtud, que miles de ellos en realidad creen que su pobreza es una bendición. Se han convencido de que sería pecaminoso ser bendecidos financieramente. Jamás soñarían orar y creer que Dios les guiaría a la obtención de prosperidad financiera real para ser usada en la obra del Señor.

Satanás usa muchas *maquinaciones*[2 Corintios 2:11] con astucia para guiar mal a la gente hacia el dinero. Constantemente glorifica la pobreza y alaba a quienes son pobres; acusa a quienes prosperan de ser orgullosos y altaneros; aplaude a los pobres y enaltece la humildad de ellos. Los exalta por su insuficiencia humilde; distorsiona las Escrituras para condenar a toda persona que prospere, y para alabar a quienes son pobres.

Todas esas son herramientas de Satanás a fin de limitar el esparcimiento del evangelio.

La totalidad del valor que tiene la prosperidad financiera del cristiano descansa sobre la actitud personal que posee hacia el dinero, y el objetivo que tiene para su uso.

Si usted *ama* al dinero y lo *codicia* para acapararlo, y si *confía en las riquezas*[Marcos 10:24] o *pone el corazón* en el dinero,[Salmo 62:10] entonces sí es malo e incorrecto y sólo probarán ser de detrimento, por *las miserias que os vendrán porque vuestro oro y plata estarán enmohecidos; y su moho testificará contra vosotros.*[Santiago 5:1-3]

Pero cuando mira al dinero como una bendición personal, como un instrumento para el evangelismo, y como un medio de obedecer el mandato del Señor de llevar el evangelio *a toda criatura*; cuando entra en una asociación de fe con Dios a fin de prosperar financieramente para vivir en la abundancia que Jesucristo vino a compartir con usted,[Juan 10:10] y poder enviar el evangelio *a todo el mundo*, puede estar seguro de que Dios desea bendecirle con Su abundancia y Su bondad material.

Capítulo 24

Dios será su asociado

UNO DE LOS mayores descubrimientos en la buena vida con Cristo está en aprender cómo sembrar el dinero para la gloria de Dios y cómo asociarse en los negocios con El para compartir en la labor de llevar a cabo Su Tarea Número 1: dar el evangelio a quienes aún no lo han recibido.

Pablo dijo: *Al volverse cristiano, uno se convierte en una persona totalmente diferente. ¡Surge una nueva vida! Y Dios nos ha otorgado la privilegiada tarea de impulsar a la gente a reconciliarse con Dios. Este es el glorioso mensaje que nos ha enviado a predicar. Somos embajadores de Cristo.* 2 Corintios 5:17-20 BV

Cristo dijo claramente: Venid en pos de mí, y os haré pescadores de seres humanos. Mateo 4:19

El dijo: *Las buenas nuevas serán proclamadas en todo el mundo, para que todas las naciones las oigan.* Mateo 24:14 BV Esta será una buena ocasión de darles las buenas noticias; es necesario que se predique el evangelio en cada nación. Marcos 13:9-10 BV

Sus últimas instrucciones fueron: *Vayan por*

todo el mundo y prediquen el evangelio a toda criatura. Marcos 16:15 BV

Cuando Cristo prometió que todo creyente recibiría el poder del Espíritu Santo, la razón era cumplir esa tarea.

Cristo dijo: *Recibiréis poder, cuando haya venido sobre vosotros el Espíritu Santo. Y me seréis testigos hasta lo último de la tierra.* Hechos 1:8

Nuestro lema siempre será:

Un camino: una tarea

Un camino: Jesucristo

Una tarea: Evangelismo

El gozo supremo de todo cristiano es el de llevar el evangelio *a toda criatura.*

Dios amó a todo el mundo. Cristo murió por el mundo entero. Nuestras oportunidades más grandes en la vida están en hablar las buenas nuevas a todo el mundo.

Jesucristo dijo: *Vayan* a todo el mundo.

De manera que todo cristiano puede ir personalmente y dar las buenas nuevas a los demás, puede enviar a otros, o ambos.

Pablo hizo un resumen interesante del objetivo en la vida para el cristiano:

Quienquiera que invoque el nombre de Cristo será salvo. Pero, ¿cómo van a invocar a alguien en quien no creen? ¿Y cómo van a creer en alguien de quien no han oído hablar? ¿Y cómo van a oír de El si no se les habla? ¿Y quién puede ir a hablarles si no los envía nadie? Romanos 10:13-15 BV

A eso le llamo el honor de la vida cristiana. Somos salvos para salvar a otras personas. Otros cristianos se sacrificaron para darnos el evangelio. Ahora es nuestro privilegio compartirlo con las demás personas, ya sea *yendo* o *enviando* a dar las buenas nuevas o ambos.

Jamás olvidaré el día en que Dios me habló en cuanto a alcanzar a los demás con el evangelio. Cuando era un joven pobre en una granja, era la persona menos indicada en la tierra para ser un representante de Dios.

Si usted me hubiera hablado de ir a la gente en Tokio, París o Buenos Aires, hubiera sido como si me hubiera hablado de ir a Júpiter, Marte o Venus. Hablarme de esas ciudades era igual que hablarme de planetas.

Pero yo creía en la Biblia, en la oración, en los milagros. Y Dios hizo el resto. Por décadas he estado involucrado en ganar almas a gran escala, en prácticamente cada una de las naciones del mundo libre.

Por muchos años hemos auspiciado mensualmente a unos 2.000 predicadores nacionales, como misioneros dedicados de lleno a evangelizar en campos nuevos.

Año tras año, hemos publicado más de una tonelada de literatura por día, en 132 idiomas.

Hemos producido en 16mm, en Super-8 y en video películas documentales de nuestras cruzadas en masa en más de 60 idiomas, y los hemos provisto gratis para la obra de evangelismo alrededor del mundo, además de sacarlas por los medios masivos de comunicación.

Hemos producido y suplido grabaciones en cintas y casetes con nuestros sermones en 70 idiomas y hemos provisto miles de grabadoras, todas gratis, a misioneros de todo el mundo.

Hemos suplido internacionalmente buses tipo

"van" para el evangelismo en campos misioneros, todo esto además de nuestras cruzadas evangelísticas en masa alrededor del mundo.

Nunca nadie hubiera soñado que Daisy y yo hubiéramos sido escogidos por Dios para un ministerio con un alcance tan amplio en todo el mundo. Ha ocurrido porque creemos que el evangelismo es la Tarea Número 1 de Dios y que Dios bendecirá y prosperará financieramente a quienes toman parte en un ministerio como éste. Por eso es tan importante que los cristianos aprendan los secretos acerca de la prosperidad financiera de Dios.

Satanás se opondrá a toda porción de la verdad bíblica en cuanto a este tema porque esta es la mayor amenaza a su imperio que pueda existir. Mientras los cristianos permanezcan en la pobreza y glorifiquen a Dios por su estado de humildad, creyendo que es para su bien, para mantenerles sumisos y santos, el evangelio jamás se predicará *a toda criatura.* Y hasta que eso no sea hecho, Cristo no puede regresar.[Mateo 24:14] Entonces Satanás puede continuar gobernando como *el príncipe de este mundo.*[Juan 12:31; 14:30; Efesios 6:12]

Una vez usted aprenda cómo sembrar el dinero como semilla en el terreno fértil de la Tarea Número 1 de Dios y una vez reconozca cómo El le multiplicará lo sembrado con creces según Sus promesas de abundancia, usted se sorprenderá de cuán rápida y milagrosamente Dios lo bendecirá con Sus bondades materiales. Su vida se hará productiva en la voluntad de Dios y descubrirá Su abundancia en la buena vida que El le ha dado en Cristo Jesús.

Dios quiere que usted se vea a sí mismo o a sí misma asociarse con El, que sea Su asociado financiero; alguien en quien puede poner y confiar

Sus riquezas en un intercambio que fluya para dar y recibir.

Dios quiere que vea que dar para recibir enlazan la acción de fe suya con Su provisión ilimitada y con Su ley infalible de sembrar para cosechar.

Cuando invierta su dinero en la obra del Señor, es un dinero-semilla sembrado en el terreno de Su voluntad divina. Una vez lo haya plantado con fe, se reproducirá y le regresará en una cosecha multiplicada mucho mayor que lo sembrado. Así como las semillas de trigo producen más trigo, sus primicias de dinero-semilla le producirán más dinero.

Cuando usted dé, recibirá más. Cristo dijo: *Medida buena, apretada y remecida*Lucas 6:38 que es un retorno abundante. El pacto de abundancia de Dios no pueda fallar.

El agricultor siembra su semilla antes de esperar la cosecha. La única semilla que puede esperar recibir aumentada es la semilla sembrada. De igual forma acontece con la ley de Dios de dar para recibir. Unicamente el dinero-semilla que usted siembra en la obra del Señor puede regresarle multiplicado en una cosecha de prosperidad financiera.

Supongamos que un agricultor proteste: "¿Por qué Dios exige que entregue toda esta buena semilla a la tierra? ¿No puede ver que mi familia necesita ser alimentada? Voy a dar de comer a mis hijos primero. Nuestras necesidades vienen primero. Si no nos quedan granos para sembrar, esperaremos que de todos modos Dios nos dé una cosecha milagrosa. El puede darnos una cosecha sin requerirnos que sembremos las semillas que tenemos, pues El sabe que las necesitamos".

Eso es exactamente lo que Dios no hará. El ha

ordenado que no haya cosecha si la semilla no se ha sembrado.

El sembrador exitoso separa la mejor semilla, las *primicias*, y la devuelve a la tierra. A su vez, la tierra le devuelve una abundancia de la misma clase de semillas que sembró. *Los graneros son llenos con abundancia.*[Proverbios 3:9-10] De esa forma, hay más para sembrarse en mayores campos de cultivo.

El principio acerca de la siembra que Jesús enseñó[Lucas 6:38] es superior a la ley del diezmo del Antiguo Testamento.[Levítico 27:30] En el Nuevo Testamento el acto de dar es una forma de vida.[Marcos 10:29-30] Al cristiano le es tan natural dar como le es respirar. Usted da de su tiempo, sus talentos, sus energías, su cuerpo, su mente y su dinero, toda su vida. Mientras más da, más recibe. Pero el dar ocurre primero.

Al diezmar usted devuelve el diez por ciento de sus ingresos a Dios después que Dios le haya dado el cien por ciento. Lo hace más bien como si cumpliera una deuda con Dios, dando la décima parte del dinero que realmente no considera suyo. Así que cumple con su obligación, y a la vez, devuelve a Dios Su diezmo el cual es, en efecto, una acción de gracias del diez por ciento de sus ingresos, pero sólo después que usted haya recibido su porción completa primero.

Pero la semillas-ofrenda es sembrar. Es la mejor inversión de la tierra, es el pacto inquebrantable de la prosperidad de Dios que garantiza que toda semilla sembrada se reproducirá y multiplicará. Pero dar siempre viene primero. Esto expresa la fe en acción.

Capítulo 25

Anticipe una buena cosecha

HAY UNOS HECHOS muy importantes en lo relacionado con sembrar para cosechar, los cuales son básicos para la buena vida.

Cristo enseñó que cada promesa que El dio era una semilla. El dijo: *La semilla es la palabra de Dios.*Lucas 8:11 Es la semilla de Su promesa *incorruptible,*1 Pedro 1:23 (no se descompone, es inmortal e imperecedera). La vida en cada semilla de la promesa de Dios no puede morir, descomponerse ni perecer. Las promesas-semillas de Dios no pueden fallar.

Con la misma seguridad que la semilla de trigo reproduce trigo, las promesas de Dios reproducen lo que ellas dicen para la persona que las siembra en el terreno de la fe de su propio corazón.

Es imposible que un sembrador siembre un grano y que cultive sólo un grano. La cosecha siempre es más abundante que lo que el sembrador plantó.

Este es un principio que es cierto en todos los aspectos de la vida. Cristo subrayó su aplicación a la acción de dar cuando dijo: *Más* *bienaventurado es dar que recibir.*Hechos 20:35 Con esto destacaba el hecho de que *es más productivo dar que recibir*, porque sólo lo que se da es lo que se vuelve a recibir multiplicado.

El principio de Dios de sembrar para cosechar es la clave de la declaración inmortal hecha por Cristo acerca de dar para recibir.

Es *más productivo* para un agricultor sembrar el grano como semilla (darlo a la tierra) que alimentar a su familia con él. Si retiene la semilla, la familia puede comer por un tiempo, pero luego puede que muera de hambre.

Pero al dar esa misma semilla al suelo, la ley de Dios de sembrar para cosechar garantiza al sembrador recibir más abundantemente que lo que sembró.

Uno de los mayores estorbos en el desarrollo de la obra de Dios es la tradición que dice que demos sin esperar nada. Eso es exactamente lo opuesto a la ley de Dios de sembrar para cosechar.

Muchas veces he oído a cristianos decir: "Bueno, yo doy porque deseo dar. No espero que se me devuelva nada por lo que doy".

Supongamos que un agricultor diga: "Siembro mis campos de cultivo cada primavera porque me gusta sembrar, pero no espero recibir nada, de cosecha". ¿Por cuánto tiempo sobreviviría ese sembrador?

El agricultor sabio espera una buena cosecha. Las buenas semillas siempre producen una cosecha multiplicada. Es la voluntad de Dios que usted coseche más de lo que sembró.

Cada vez que usted separe las *primicias*,

recuerde tres puntos básicos al sembrar su dinero-semilla en la obra del Señor:

Primero: Mantenga sus expectativas sólo en el Señor. Solamente El es su fuente de provisión. *Dios suplirá todo lo que os falta.* Filipenses 4:19 Sólo mírelo a El. El es la vida de toda buena semilla. El es el creador de toda riqueza. El es la fuente de provisión de la cual fluye la abundancia que usted recibirá por lo que sembró.

Cuando siembre el dinero-semilla de sus *primicias* y espere recibir una cosecha aumentada, no limite la fuente de donde vendrá la cosecha multiplicada al aumento de salario que su patrono desee darle o a que aumente la tasa de intereses o los dividendos de sus ahorros o de sus inversiones o a cualquier canal usual de ingresos.

Dios es la fuente de su provisión. Confíe en que El le dará una cosecha abundante en Su propia forma de hacerlo. El puede utilizar esos medios mencionados, pero no está limitado a ellos. El puede llevar a cabo un milagro material a fin de confirmarle Su pacto. Lo importante es que mantenga sus ojos en EL, no en los medios que El pueda usar. EL, y solo EL, es la fuente de sus expectativas.

Segundo: Cuando plante el dinero-semilla de sus *primicias* en la obra del Señor, recuerde sembrar esperando recibir una cosecha. Siembre teniendo en mente un retorno abundante de lo sembrado. En otras palabras: dé objetivamente.

Dé para que el evangelio sea predicado. Dé como partícipe en la tarea de evangelismo, pero también dé, de manera que pueda recibir con creces.

El agricultor no puede darse el lujo de sembrar sólo porque eso le da cierto grado de satisfacción. Siembra para recoger una cosecha.

Usted no se puede dar el lujo de dar su dinero sólo porque recibe bendición al hacerlo. Lo que da debe ser productivo. Si lo que da no le produce en mayor cantidad que lo dado, ¿cómo será financiada la obra de evangelismo en el mañana?

Hay millones de inconversos hoy y mañana habrá millones más. Dé para que la promesa de Cristo se cumpla y para que tenga cosechas grandes y pueda sembrar más y tener mayores cosechas.

Dé para que el pacto de Dios sea confirmado de manera que usted pueda probar a Dios quien ha dicho que abrirá las ventanas de los cielos y hará sus graneros sobreabundar.

Cada vez que usted siembra o invierte sus *primicias* en la obra de Dios, está sembrando dinero-semilla. Hágalo con el fin de cosechar más que lo que dio. ¿Con qué fin? Con el fin de poder sembrar más semillas la próxima vez y poder recoger mayores cosechas.

Esa es la mayordomía cristiana.

Esto requiere visión y exige fe. Esto pide acción y fe. Esta es la razón por la cual la tradición ha desarrollado una forma más fácil que resulta en guardar y perder y morir, mientras miles siguen sin ser tocados con el evangelio.

Dios le ayudará a comprender el glorioso principio del reino que es: dar para recibir, de manera que Su evangelio sea publicado por toda la tierra.

Tercero: Cuando usted siembre sus *primicias* como dinero-semilla en la obra de Dios, espere una cosecha financiera. ¡Espere un milagro! En otras palabras, siembre su dinero-semilla con fe.

Ejerza su fe de que Dios le devolverá más de lo que dio.

Espere que Dios cumpla Sus promesas. Espere la intervención divina para devolverle con creces lo que ha dado. Espere que Dios le cumpla Su palabra.

Sin fe es imposible agradar a Dios; porque es necesario que quien se acerca a Dios crea que le hay, y que es galardonador de quienes le buscan. Hebreos 11:6

No puede haber milagros si no hay expectativa. Después que el agricultor siembra la semilla, espera el crecimiento. Ejercita la fe. Si algo demora que las plantas broten de las semillas, lo verá diariamente revisando el terreno y esperando.

Después que haya sembrado el dinero-semilla de sus *primicias*, espere el crecimiento. Y mantenga sus expectativas en Dios como su única fuente de provisión porque, como Pablo dijo: *El crecimiento lo da Dios.* 1 Corintios 3:6

Una vez haya actuado con fe en las promesas de Su palabra, tiene todo el derecho de esperar un milagro a cambio. Usted ha sembrado. Espere una cosecha. Sin expectativas, la fe está muerta.

Por este motivo nos arrodillamos todas las mañanas, orando y creyendo con cada uno de nuestros asociados en este vasto ministerio mundial. Esperamos y reclamamos lo que sabemos es la voluntad de Dios para cada uno de estos asociados, y que sus necesidades sean suplidas por medio de milagros, de modo que reciban una cosecha mayor que lo que sembraron en la obra de Dios.

Esta es la confianza que tenemos en él, que si pedimos alguna cosa conforme a su voluntad (Su palabra de promesa es Su voluntad) *sabemos que él nos oye y tendremos las peticiones que hayamos hecho.*[1 Juan 5:14-15]

Cada vez que se reciben las *primicias* de un asociado para la obra de Dios, es la evidencia sobre la cual basamos nuestra fe para pedir una cosecha económica. Esa dádiva la ha sembrado como dinero-semilla en el terreno fértil de cumplir la voluntad del Señor. Esa semilla sembrada producirá una cosecha. La ley de Dios de sembrar para cosechar es inquebrantable.

Debe creer que Dios desea que usted reciba bendiciones financieras así como espirituales.[3 Juan 1:2]

Dios quiere que su vida sea bendecida con Sus bondades materiales, espirituales y físicas. Dios lo creó a usted para la abundancia y para la buena vida.

Sólo cuando su vida es bendecida, usted puede bendecir a otras personas. Sólo cuando usted es exaltado, puede exaltar a las demás personas.

Es la voluntad de Dios que halle *bienes y riquezas*[Salmo 112:1,3] en su casa, que conduzca un buen auto, viva en una fina casa y vista y viva como el hijo o la hija de la realeza divina que usted es. Entonces usted se puede asociar con Dios para alcanzar, bendecir y levantar a otras personas.

El quiere que usted siempre disfrute de la buena vida.

Capítulo 26

El milagro de los billetes de un dólar

UNO DE LOS grandes descubrimientos para los cristianos jóvenes es reconocer que las riquezas son de Dios y que El quiere que ellos prosperen para el beneficio de Su obra. Este es el fundamento sobre el cual se tiene fe para tener riquezas para la vida y llevar a cabo Su voluntad en la tierra.

Entonces, una vez haya hecho ese descubrimiento, debe poner su fe en acción.

Poner su fe en acción, es el secreto para el cumplimiento de todas las promesas de Dios. Santiago 2:14-17,26

1. Dios da la promesa.
2. La oímos, la creemos y la aceptamos como la voluntad de Dios.
3. Pedimos a Dios que la cumpla.
4. Actuamos apoyados en la palabra de Su promesa, probando por nuestras acciones que creemos que Dios hará conforme ha prometido.
5. Dios ve nuestra acción que justifica nuestra

fe ante El, y El entra en escena para cumplir Su promesa.

6. Satanás, el enemigo de Dios y nuestro adversario, entra en la escena también para crear dudas, temor, confusión o titubeos y demorar o evitar el cumplimiento de las promesas de Dios para nuestro gozo.

7. Al mantenerse nuestra fe inconmovible bajo la prueba, el pacto de Dios no puede fallar y El hace que Su palabra se cumpla, porque *El apresura Su palabra para ponerla por obra.*Jeremías 1:12 *Ninguna de las palabras de Dios están sin Su poder.*Lucas 1:37 VR *El no olvidará Su pacto, ni mudará lo que ha salido de sus labios,*Salmo 89:34 porque *la Escritura no puede ser quebrantada,*Juan 10:35 pues El dice: *el cielo y la tierra pasarán, pero mis palabras no pasarán.*Marcos 13:31

De modo que, sobre la roca de las promesas de Dios que revelan Su voluntad, usted, como Su asociado en la tarea de ganar almas, puede dar un paso de fe para convertirse en colaborador con Dios al reclamar Su prosperidad para su casa y dar el evangelio a otras personas.

Dios siempre ordena que actuemos según nuestra fe primero. Eso prueba que creemos. Luego, El entra en escena con el fin de hacer efectiva Su promesa.

Hubo una mujer en la Biblia que estaba endeudada y sus acreedores venían a llevarse a sus hijos como siervos en garantía de la deuda. Entonces el profeta de Dios le dijo que actuara apoyada en su fe. Ella fue y pidió prestadas tinajas vacías, tomó el único frasco que tenía lleno de aceite y comenzó a repartirlo. Esa fue su fe en acción. El aceite nunca se le acabó y milagrosamente quedó establecida en un floreciente negocio de aceite que prosperó tan bien que pudo pagar todas sus deudas y luego se le dijo: *Tú, y tus hijos vivid de lo que queda.*[2 Reyes 4:1-7]

Dios no necesita un pozo de petróleo para darle a usted un negocio de aceite, como tampoco necesita una granja grande para aumentarle el abastecimiento de harina.

Dios no está limitado a sus ingresos, a su finca, a su salario, a su negocio, a sus acciones en la bolsa de valores, a su pensión ni a los intereses de sus inversiones.

Todas las riquezas son creación Suya. Actúe apoyado en Su palabra. Reclame su cumplimiento. El tiene millones de formas que puede utilizar con el fin de poner riquezas en sus manos.

¿Quién puede explicar cómo Dios salva a un pecador o sana a un ciego? ¿Está El limitado por medios racionales? ¡No! Como tampoco está limitado para darle a usted prosperidad económica. Podría recontar cientos de maravillosas formas en las que Dios ha prosperado a los cristianos que han dado el paso de fe entrando a un ministerio de dar en mayores proporciones.

Quienes no entienden este principio reprochan a alguien que da para la obra de Dios de lo poco que tiene. No han reconocido que Cristo elogió a una viuda que ofrendó sus últimas monedas.[Marcos 12:41-44]

Daisy y yo siempre hemos practicado el principio de dar, como si sembráramos semillas. Recuerdo cuando éramos jóvenes que tuvimos una época de mucha necesidad. Asistimos a una conferencia donde se presentó la necesidad urgente de una imprenta grande para la obra misionera.

Antes que la conferencia concluyera, pedimos prestados cien dólares y los sembramos como dinero-semilla en la obra del Señor.

Muy pronto estábamos cosechando abundantemente de aquella ofrenda-semilla. Una dama trajo a mi esposa un hermoso abrigo nuevo. Un caballero nos obsequió un automóvil. El dinero nos llegó de fuentes inesperadas. La ley de Dios no nos falló.

En otra ocasión, nuestra fe fue puesta a prueba. Habíamos comprado un automóvil y planeábamos pagarlo en cuotas mensuales. Pero hubo un mes en particular en que dimos todo lo que recibimos. Dondequiera que veíamos una oportunidad de ganar más almas, ahí sembrábamos nuestro dinero-semilla. Creíamos que mientras más sembrábamos, mayor sería lo que podríamos esperar a cambio. Nuestras necesidades eran grandes, así que plantamos con generosidad.

Cuando llegó el pago de nuestro auto, nos faltaban 14 dólares. Habíamos sembrado nuestro dinero-semilla, de modo que teníamos la fe que recibiríamos una cosecha abundante. Oramos fervientemente pidiendo a Dios que supliera nuestra necesidad. Recalcamos Su pacto de prosperidad. Sabíamos que los dólares-semillas sembrados debían producir con creces, aunque Dios tuviera que obrar un milagro material para hacerlo. Estábamos probando a Dios, poniéndolo a prueba para que cumpliera lo que dijo que haría. Malaquías 3:10

Esa noche cerramos la puerta de nuestro pequeño cuarto y nos acostamos. Nadie sabía la necesidad que teníamos, aparte de Dios. Lo que aconteció parecerá increíble, pero Dios hizo un milagro material para confirmar Su pacto de abundancia en nuestras vidas.

Cuando despertamos, habían billetes de un dólar esparcidos por todo el cuarto, como si literalmente hubieran sido dejados caer desde el cielo, tirados sobre la cama, el piso, detrás de la mesa y debajo del diván. Recogimos los dólares con la misma reverencia con la que los hijos de Israel recogieron el maná del cielo, Exodo 16:14-18; Juan 6:31 o como los discípulos recogieron los pedazos de pan que Cristo había multiplicado. Juan 6:12-13

Buscamos en cada rincón y rendija de aquel cuarto y cuando juntamos hasta el último billete que pudimos encontrar, los contamos. Eran exactamente catorce, lo necesario para cumplir nuestra obligación a tiempo.

Nos alegramos de haber dado nuestro dinero-semilla. Habíamos sembrado dólares. Ahora los cosechábamos. Y antes que el mes terminara, nuestra cosecha era mucho más abundante que lo que habíamos sembrado.

Cuando Elías visitó a la viuda de Sarepta durante una hambruna, a ella se le habían acabado sus provisiones y preparaba la última torta de harina que le quedaba, pensando que después su hijo y ella morirían.

Elías le dijo que le cociera una torta a él *primero*. Aquello parecía algo cruel y falto de corazón. Pero cuando ella obedeció, ocurrió igual que cuando el agricultor siembra su mejor semilla. Aquella última torta vino a ser la torta-semilla de la mujer. Le produjo una cosecha abundante, mucho más de lo que había dado a Elías. *La harina de su tinaja no escaseó, ni el aceite de la vasija se menguó.* 1 Reyes 17:11-16

7ª PARTE

LA IGLESIA Y SU FE

LA MEJOR FORMA de nosotros probar nuestro amor hacia Dios es expresando Su amor hacia las demás personas. La mejor forma de servir a Dios es sirviendo a la gente que esté necesitada.

No se confunda por la multiplicidad de doctrinas existentes. Si el cristianismo verdadero fuera tan complejo como algunos lo hacen aparecer, entonces la gente común jamás podría ser salva.

Usted no se va a extraviar en su camino si sigue a Cristo.

La mejor forma de amarlo a El es permitiéndole a El amar por medio suyo, permitiéndole ver las necesidades humanas a través de sus ojos, permitiéndole suplir esas necesidades mediante el amor de su corazón y permitiéndole evidenciar ese amor por medio de sus manos, pies, brazos y todo lo que usted es y hace.

Capítulo 27

El valor de la buena compañía

UNA PARTE VITAL de la buena vida en Cristo es la iglesia particular o reunión de cristianos con quienes usted escoge estar en comunidad. Usted va a orar con ellos, aprender más de la palabra de Dios con ellos y servir con ellos.

Es cierto que podemos tener comunión con nuestro Padre celestial solos, podemos orar solos, podemos estudiar la palabra de Dios solos y podemos servir a Dios solos, todo lo cual debemos hacer y haremos, si realmente hemos recibido a Cristo en nuestras vidas.

Pero es un hecho que la mejor forma de probar nuestro amor hacia Dios es expresando Su amor hacia la demás gente. *Si no amas a tu hermano o hermana a quien has visto, ¿cómo puedes amar a Dios a quien no has visto? Y nosotros tenemos este mandamiento de él: El que ama a Dios, ame también a su hermano.* 1 Juan 4:20-21

También es verdad que la mejor forma de servir a Dios es sirviendo a los demás. *Dios es amor* 1 Juan 4:8,16 y *el amor es de Dios.* 1 Juan 4:7 *Toda persona que ama, es nacida de Dios, y conoce a Dios.* 1 Juan 4:11; 1 Juan 3:16 *Si Dios nos ha amado así, debemos poner nuestras vidas por otras personas.* 1 Juan 4:11; 1 Juan 3:16

Un mandamiento nuevo os doy: Que os améis unos a otros; como yo os he amado, que también os améis unos a otros. En esto conocerán todos que sois mis discípulos, si tuviereis amor los unos por los otros. Juan 13:34-35

Está establecido en las Escrituras que adoremos a Dios en el compañerismo de otros creyentes; que oremos en Su templo; que seamos instruidos en los caminos de Dios y en Su palabra por un pastor.

Pablo dijo: *Somos un cuerpo, y un Espíritu, como fuisteis también llamados en una misma esperanza de vuestra vocación; un Señor, una fe, un bautismo, un Dios y Padre de todos, el cual es sobre todos, y por todos, y en todos.*

Pero a cada uno de nosotros fue dada la gracia conforme a la medida del don de Cristo. Efesios 4:4-8

El dio dones a la gente. A unos dio el ser apóstoles; a otros, profetas; a otros, evangelistas; a otros, pastores y maestros;

A fin de perfeccionar a los santos para la obra del ministerio, para la edificación del cuerpo de Cristo,

Hasta que todos lleguemos a la unidad de la fe y del conocimiento del Hijo de Dios, a la perfección, a la medida de la estatura de la plenitud de Cristo. Efesios 4:8,11-13

El problema es que los cristianos jóvenes se confunden con las diferentes denominaciones y grupos de iglesias las cuales, en ocasiones, se contradicen unas a otras y practican el proselitismo entre su membresía.

Este problema es causado por los teólogos

quienes estiman que no se puede aceptar la Biblia literalmente, sino que debe tener una interpretación cuidadosa y técnica. Estos agentes religiosos creen que su escuela de enseñanza es la única verdadera. Con frecuencia, como Cristo dijo, ellos *cuelan el mosquito, y tragan el camello.* Mateo 23:24-25

No debemos confundirnos por esta multiplicidad de doctrinas e interpretaciones. Pero no vamos a hacernos críticos de quienes vehementemente condenan a otros mientras alaban sus propias posiciones doctrinales. El apóstol Pablo es quien les da algunos consejos valiosos al respecto en Romanos. Romanos 12:6-10

Recuerde que si el cristianismo verdadero fuera tan complejo como algunos teólogos lo hacen parecer, la gente promedio nunca podría ser salva y la gente no cristiana de otras tierras jamás podría convertirse.

Mantenga sus ojos en Cristo Jesús y en lo que El dijo. Hebreos 12:2,3 Sus palabras pueden ser comprendidas por toda la gente sin importar lo sencillas que sean. 1 Pedro 2:21-23 Usted no se va a extraviar en el camino si lo sigue a El. Juan 8:12; Juan 10:27-29

A través del mundo entero, por casi 50 años, hemos tenido el privilegio de guiar a miles de no cristianos a aceptar a Cristo y experimentar el nuevo nacimiento. Luego los hemos ayudado a encontrar compañerismo entre otros creyentes en una buena iglesia, y allí ser fiel en la adoración, la oración, los estudios y la confraternidad cristiana. Pero siempre me preocupo, porque he observado que cuando buscan ese compañerismo, comienzan a descubrir divisiones que pueden confundirlos en su fe nueva y tierna.

Mi consejo firme y fuerte es: siga a Cristo Jesús.[Mateo 16:24-27; Juan 1:43; 12:26; 21:19-22] Sea cariñoso y comprensivo con los demás creyentes.[1 Corintios 13:4; Efesios 4:30-32]

Si ellos acusan y condenan a los cristianos de otras iglesias, no absorba su amargura.[Hebreos 12:14-15; Filipenses 4:7-8] Mantenga su corazón puro y no juzgue a nadie.[Mateo 7:1-5; Romanos 14:12-13; Colosenses 3:12-15] Ame a todo el mundo y sea una influencia hacia el entendimiento mutuo y el bien.[Efesios 5:12; Gálatas 6:1-3; Romanos 12:9-10; 1 Tesalonicenses 3:12-13]

Mantenga esta regla básica en mente: Sólo puede haber una iglesia verdadera el cuerpo de Cristo.[1 Corintios 12:27; 1 Corintios 3:11; Efesios 4:4-6] Está formada por cristianos verdaderos que creen en Cristo y en Su evangelio.

Un cristiano auténtico es aquel que:

Cree que Jesucristo es el Hijo de Dios;[Mateo 16:16; Juan 1:49; 3:35-36] concebido del Espíritu Santo;[Lucas 1:34-35] nacido de una virgen;[Isaías 7:14; Mateo 1:23] que vino como Dios hecho carne;[Juan 1:14; 14:6-11; Romanos 8:3] que El llevó nuestros pecados en la cruz;[1 Pedro 2:24] que derramó Su sangre para la remisión de nuestros pecados;[Mateo 26:28; Efesios 1:7] que murió por nosotros y resucitó de entre los muertos para nuestra justificación;[1 Corintios 15:4; Romanos 4:25] y que ahora está sentado a la diestra de Dios;[Efesios 1:20; Hebreos 10:12; 12:2; Colosenses 3:1] y que intercede por nosotros para siempre.[Hebreos 7:25; 1 Timoteo 2:5-6]

Todo ser humano que cree estas verdades del evangelio y que ha acudido a Dios en fe, confesando sus pecados y se ha arrepentido y ha invocado el nombre de Cristo, aceptándole por la fe y que confiesa a Cristo como Salvador ante la gente y cree en El como Salvador personal, es nacido en la iglesia verdadera de Jesucristo y es hecho hijo de Dios, sin importar el grupo de cristianos con los que se congrega para adorar, cantar, orar y estudiar.

Seguir a Cristo significa amar, servir, adorar, aprender y tener comunidad. La mejor forma de expresarlo es a través de sus relaciones sociales desarrolladas en una comunidad local de creyentes cristianos.

La Biblia dice: *No dejando de congregarnos, como algunos tienen por costumbre.* Hebreos 10:25

Le recomiendo que haga lo mejor que pueda a fin de encontrar un comunidad de cristianos que crea en los fundamentos del evangelio arriba mencionados. Entonces sea un miembro fiel entre ellos. Coopere con su pastor. Dios lo ha puesto para apacentar el rebaño. Jeremías 3:15; 23:4

La palabra de Dios da al pastor el siguiente cargo: *Por tanto, mirad por vosotros, y por todo el rebaño en que el Espíritu Santo os ha puesto por supervisores, para apacentar la iglesia del Señor, la cual él ganó por su propia sangre.* Hechos 20:28

Respete a su pastor 1 Pedro 5:2; Hebreos 13:17 y procure ayudarle en todo plan para fomentar la causa de Cristo en su comunidad y en el resto del mundo.

En caso que donde usted vive no haya una iglesia (o comunidad de creyentes) ya establecida a la cual pueda asistir regularmente y ser edificado en su fe y donde puede estar en comunidad para adorar y el servicio cristiano, luego haga lo que hicieron los primeros cristianos: convirtieron sus hogares en un lugar de oración y de estudio de la Biblia e invitaron a otras personas para adorar, estudiar y orar con ellos. Hechos 2:46-47; 5:42; 12:12; 20:20; 28:30-31

De hecho, este fue el modelo utilizado en el Nuevo Testamento para comenzar nuevas iglesias, Romanos 16:5; 1 Corintios 16:19; Colosenses 4:15; Filemón 2 de modo que si usted lo hiciera donde vive, si fuera necesario, estaría actuando según las Escrituras.

Cristo hizo una declaración profunda acerca del establecimiento de Su iglesia. La verdadera iglesia está fundada sobre la revelación de que Jesucristo es el Hijo de Dios. En otras palabras, si usted realmente cree en esa verdad, si Dios ha hecho que sea revelado en su corazón que Jesucristo fue realmente concebido del Espíritu Santo, que nació de una virgen y por consiguiente con sangre divina y el Hijo de Dios, Dios encarnado y lo ha confesado, entonces usted es parte de Su verdadera iglesia porque esa revelación es el fundamento mismo de la iglesia.

Jesucristo preguntó a Sus discípulos: *¿Quién dice la gente que yo soy?* Mateo 16:13

Ellos dieron diferentes contestaciones, pero Pedro dijo: *Tú eres el Cristo, el Hijo del Dios viviente.* Mateo 16:16

Cristo respondió: *Bienaventurado eres, porque no te lo reveló carne ni sangre, sino mi Padre que está en los cielos. Y sobre esta roca edificaré mi iglesia; y las puertas del Hades no prevalecerán contra ella.* Mateo 16:17-18

Si cree estas verdades, usted es parte de la iglesia de Cristo, Su cuerpo, y todas las fuerzas del infierno no pueden destruir su posición ni sacarle de Su iglesia.

La membresía en comunidades cristianas es sólo simbólica. Seres humanos tales como los pastores locales, maestros y compañeros de membresía pueden ayudarle, enseñarle, o pueden juzgarlo, admitirlo o excluirlo.

Pero lo que cuenta es: ¿Ha nacido usted de

nuevo? ¿Cree en Jesucristo? ¿Lo ha recibido El en Su única iglesia por medio del nuevo nacimiento? Usted puede unirse a cualquier iglesia, pero tiene que nacer de nuevo mediante la experiencia de un milagro espiritual para ser miembro de la verdadera iglesia de Jesucristo.

Hay tres hechos reales acerca de la única iglesia verdadera, del cuerpo de Cristo, de la comunidad formada por todos los verdaderos creyentes alrededor del mundo:

1. **Jesucristo mismo la fundó.**

   Sobre esta roca (de la revelación por fe de que Yo soy el Hijo de Dios) *edificaré mi iglesia.* Mateo 16:17-18

2. **Jesucristo es la piedra angular.**

   Ahora sois conciudadanos de los santos, y miembros de la familia de Dios, edificados sobre el fundamento de los apóstoles y profetas, siendo la principal piedra Jesucristo mismo. Efesios 2:19-20

3. **Jesucristo es el fundamento.**

   Porque nadie puede poner otro fundamento que el que está puesto, el cual es Jesucristo. 1 Corintios 3:11

Jesucristo es el fundador, el edificador, y la iglesia le pertenece a El solamente.

Cristo amó a la iglesia, y se entregó a sí mismo por ella, para santificarla, habiéndola purificado en el lavamiento del agua por la palabra, a fin de presentársela a sí mismo, una iglesia gloriosa, que no tuviese mancha ni arruga ni cosa semejante, sino que fuese santa y sin mancha. Efesios 5:25-27

Porque somos miembros de su cuerpo, de su

carne y de sus huesos. Grande es este misterio; mas yo digo esto respecto de Cristo y de la iglesia. Efesios 5:30,32

El apóstol Pablo dijo que la esencia de la verdadera iglesia es: *Cristo en vosotros.* Colosenses 1:27

Porque vosotros sois templos del Dios viviente, como Dios dijo: Habitaré y andaré entre ellos, y seré su Dios, y ellos serán mi pueblo. 2 Corintios 6:16

Hay sólo una iglesia. Usted puede unirse y tener comunión con una comunidad de creyentes en su ciudad o pueblo, pero la verdadera membresía, su nuevo nacimiento espiritual y primogenitura, han sido escritos en *el libro de la vida del Cordero.* Apocalipsis 21:27

En las compañías de teléfono, del ferrocarril o en el sistema postal nacional hay una cabeza, alguien que está al frente y de quien provienen todas las órdenes básicas. Esas órdenes son ejecutadas e interpretadas por muchas autoridades subordinadas, pero hay una sola cabeza. Igual es con la iglesia, cuya cabeza es Cristo.

Por eso seguimos a Cristo. Estudiamos Su vida, aprendemos Sus palabras, vivimos como El vivió, pensamos como El pensó, hablamos como El habló. Actuamos como El actuó.

Exprese Su amor, misericordia, compasión y comprensión y disfrutará del gozo, la paz y la autorrealización que ofrece la verdadera vida cristiana.

Unicamente de esa forma usted puede vivir realmente la buena vida.

Las creencias y doctrinas destacadas y básicas de todas las denominaciones cristianas son fundamentalmente las mismas:

1. Jesucristo fue concebido por el Espíritu Santo. Mateo 1:20-22; Lucas 1:31,35

2. Nació de una virgen. Mateo 1:23; Lucas 1:26-28

3. El era Dios en la carne, Emanuel, Dios con nosotros. Isaías 7:14; Mateo 1:23

4. Su sangre era divina. Mateo 26:28; Romanos 5:9; Efesios 1:7; 2:13; Colosenses 1:14,20; Hebreos 10:19-20; 13:20-21; 1 Pedro 1:18-19; 1 Juan 1:7; Apocalipsis 1:5; 5:9

5. Su vida nos mostró la voluntad de Dios. Juan 6:38; Hebreos 10:7,9

6. El murió para pagar nuestra deuda, llevando nuestros pecados. Juan 3:16-17; Romanos 6:6-8; 1 Corintios 15:3; 2 Corintios 5:21; 1 Tesalonicenses 5:9-10; 1 Pedro 2:24

7. El resucitó para nuestra justificación. Romanos 3:24-25; 4:25; 5:1

8. El vive hoy sentado a la diestra de Dios para interceder continuamente por nosotros como nuestro único mediador entre nosotros y Dios. Romanos 8:34; Efesios 1:20; Colosenses 3:1; 1 Timoteo 2:5; Hebreos 1:3; 7:25; 8:1,6; 9:15; 10:12; 12:2,24; 1 Pedro 3:22; Apocalipsis 1:18

9. El es el único Salvador. Mateo 1:12; Lucas 2:11; 24:46-47; Juan 4:42; 14:6; Hechos 4:12; 5:31; Filipenses 3:20; 2 Timoteo 1:10; Tito 3:6; 2 Pedro 1:11; 1 Juan 4:14 Todas las iglesias cristianas están de acuerdo con estas posiciones fundamentales, pero desafortunadamente siempre hay conflictos denominacionales acerca de doctrinas periféricas y sin esencia, ceremonias, ritualismos y de las formas de expresar y propagar el cristianismo.

En medio de estos conflictos, recuerde que usted fue llamado por Jesucristo y su responsabilidad principal está en seguirlo a El y a Su palabra Juan 5:24

Jesucristo dijo: *Yo soy la luz del mundo, cuando me sigas, no andarás en tinieblas.* Juan 8:12

Cuando Jesucristo fundó Su iglesia lo hizo con la intención de que toda persona que creyera en El se uniera en un amor y un vínculo comunes para servirle a El sirviendo a los demás; para amar y alcanzar a otros juntos como Su cuerpo, para expresar Su amor y Su luz para exaltar al mundo; *hasta que nuestra creencia en la salvación y en el Salvador, el Hijo de Dios, sea la misma y hayamos crecido en el Señor hasta el punto de estar henchidos de Cristo. Entonces dejaremos de ser niños fluctuantes que varían de creencia cada vez que alguien les dice algo diferente. Será que en todo momento seguiremos la verdad con amor, diremos la verdad, aplicaremos la verdad en nuestro trato con los demás y en nuestra vida diaria y cada vez ser más semejantes a Cristo, quien es la cabeza de ese cuerpo suyo que es la iglesia.* Efesios 4:13-16 BV

La comunidad de creyentes con quien usted decide congregarse para orar, adorar y servir será de bendición inestimable y de influencia sobre su vida y la de su hogar.

Sus hijos serán enseñados en los caminos de Cristo.

Los miembros de esa comunidad de creyentes serán testigos o padrinos en las bodas de los miembros de su familia.

Ellos se unirán en oración y en fe con usted cuando esté enfermo y pase por alguna prueba o crisis.

Le darán apoyo y consuelo en sus momentos de luto.

- Serán sus hermanos en la fe.
- Le alentarán y fortalecerán.
- Orarán con usted y por usted.
- Compartirán verdades con usted.
- Adorarán junto con usted.
- Lo amarán.

Le ofrecerán la mayor oportunidad de expresar en forma organizada con ellos su propia fe y amor dirigidos a servir y a ayudar a otras personas.

La comunión que disfrutará será una anticipación de lo que disfrutará en el cielo, porque pasará la eternidad con todas esas personas que son verdaderamente fieles a su fe. Siendo que usted ama a la gente y le gusta tener comunión, al servir y al adorar con ellos, experimentará un poco del cielo aquí mismo en la tierra.

En esencia, la iglesia de Cristo Jesús, Su cuerpo, posee los únicos pies, oídos y brazos que Cristo tiene aquí en la tierra. Usted es Su cuerpo así que permita que El ame por medio suyo. Déjelo a El ver las necesidades humanas por medio de sus ojos. Permítale cuidar a la gente necesitada por medio de su corazón y su amor. Déjelo a El expresar ese amor a través de su vida. Permítale a El evidenciar ese amor mediante sus manos, pies, brazos y todo lo que usted es y hace.

Usted es la iglesia. Es el cuerpo de Cristo. El vive en usted, se expresa a Sí mismo y expresa Su amor a través suyo. Esa es, en esencia, la buena vida.

Capítulo 28

Normas para la buena vida

PARA RECONOCER LOS beneficios de la buena vida con Cristo, nuestra fe en El debe descansar enteramente en la Palabra de Dios. Por esta razón, usted querrá leer la Biblia diariamente y ser la norma de su vida.

Es probable que piense que no puede entender la Biblia, pero Cristo dijo: *Te alabo, Padre, Señor del cielo y de la tierra, porque escondiste estas cosas de los sabios y de los entendidos, y las revelaste a los niños. Sí, Padre, porque así te agradó.* Mateo 11:25-26

Entre todos los libros no hay otro que sea más sencillo ni más fácil para entender que la Biblia. Es llamada una revelación. Cuando algo es revelado, es claro. El Espíritu Santo abrirá su entendimiento de modo que usted la pueda comprender, con sólo leerla. Juan 14:26; 1 Juan 2:27

Bienaventurado quien lee, y quienes oyen las palabras de esta profecía. Apocalipsis 1:3

Otro motivo por el cual puede entenderla es porque cada verdad se repite una y otra vez. *En la boca de dos o tres testigos conste toda palabra.* Deuteronomio 17:6; Deuteronomio 19:15; Mateo 18:16; 2 Corintios 13:1;

13:1; 1 Timoteo 5:19; Hebreos 10:28 Ese principio es mencionado en reiteradas ocasiones en la Biblia. Si algo no se repite lo suficiente con el fin de hacerlo absolutamente claro, no es una doctrina de importancia vital y esencial para su salvación.

La Biblia es sencilla porque está escrita en lenguaje claro y no necesita interpretación. La Biblia está escrita para que sea aceptada exactamente como está escrita. Quiere decir lo que dice.

Dios es su autor, de manera que no necesita ayuda. El es el comunicador por excelencia. Ha dicho lo que quiere decir. Acéptelo. La gente que dice que la Biblia es difícil de entender usualmente no quiere creer lo que dice.

Recuerde que fue escrita para ser entendida por la gente sencilla y sin estudios, de modo que: *el que anduviere en este camino, por torpe que sea, no se extraviará.* Isaías 35:8

Pablo dijo a Timoteo: *Desde la niñez has sabido las Sagradas Escrituras.* 2 Timoteo 3:15 Y habla *de la sencillez de la devoción a Cristo.* 2 Corintios 11:3

Los líderes religiososde Jerusalén que arrestaron a Pedro y a Juan por causa de la sanidad milagrosa del paralítico, quedaron asombrados ante aquella maravilla innegable. Hechos 3:1-9 Pero no podían darles el crédito por el milagro acontecido. *Cuando vieron a Pedro y Juan, y sabiendo que eran hombres sin letras y del vulgo, se maravillaban.* Hechos 4:13

Otro motivo por el cual la Biblia es lo suficientemente fácil de entender es que Dios espera que las personas la oigan y la crean para ser salvos. Como la salvación es para *quienquiera,* entonces la Biblia debe ser lo suficientemente sencilla para que todos la entienden. *Quien-*

quiera que cree (en el evangelio) *no se pierde, más tiene vida eterna.* Juan 3:16

Abraham Lincoln dijo: "Tome todo lo que pueda de la Biblia por medio de la razón y tome el resto de ella por la fe, y vivirá y morirá siendo una mejor persona. Es el mejor libro que Dios ha dado a la humanidad".

Napoleón Bonaparte dijo: "La Biblia es más que un libro; es un ser vivo en acción, con un poder que invade y vence a todo cuanto se opone a su extensión".

Woodrow Wilson dijo: "La persona se priva a sí misma de lo mejor que hay en el mundo, cuando se priva de la Biblia".

Ochocientos científicos de Gran Bretaña firmaron una declaración que está guardada en la Biblioteca Bodelian en Oxford, la cual declara entre otras cosas: "Hemos llegado a la conclusión de que es imposible que la palabra de Dios escrita en el libro de la naturaleza, y la palabra de Dios escrita en las Sagradas Escrituras, se contradigan una a la otra". El objetivo de ellos fue "expresar su sincero pesar por aquellos investigadores de las verdades científicas que se han desviado... trayendo dudas sobre la verdad y la autenticidad de las Sagradas Escrituras".

Daniel Webster, el estadista norteamericano del siglo 19 dijo: "La Biblia es el libro de la fe, y un libro de doctrina, de normas morales, de religión y de una revelación especial de Dios; pero es el libro que enseña la responsabilidad, la dignidad y la igualdad de los seres humanos con y hacia su prójimo"

Quienes escribieron la Biblia aseguran haber sido inspirados por Dios. Y realmente lo fueron o fueron unos mentirosos. Es difícil concebir que más de cuarenta diferentes autores tuvieran la misma idea de mentir acerca de lo mismo. Esas cuarenta personas escribieron 66 libros en un espacio de tiempo de más de 1.600 años, teniendo poco o ningún contacto uno con el otro (excepto los apóstoles), acerca del tema central de la creación y de la redención de Dios por medio de Jesucristo y del Espíritu Santo.

Realmente no tiene sentido que, estando esparcidos por casi veinte siglos y diferentes generaciones y sociedades, pudieran concebir un engaño común.

Como tampoco tiene sentido dudar de la Biblia por el hecho de que la historia de la creación o la resurrección de Jesucristo no puedan ser verificadas científicamente. Los críticos ridiculizan a los creyentes cristianos preguntándoles: "¿Estabas allí cuando supuestamente Dios creó al mundo?" o "¿estabas presente cuando se dice que Jesucristo resucitó de los muertos?" Pero las mismas preguntas se podrían hacer a los inconversos. No estaban presentes cuando se supone que el movimiento de la evolución del universo aconteció. ¿Estaban allí cuando las formas de vida inferiores evolucionaron de su ambiente confuso y masivo para seguir un misterioso fenómeno de desarrollo interrelacionado hasta llegar al estado humano?

Si la teoría de la evolución fuera correcta, entonces supondría que al morir una persona, por un proceso regresivo, volvería a la misma confusión de la cual supuestamente evolucionó.

Pero no ocurre así. La persona regresa al polvo. Cada sepultura en la tierra es evidencia científica de ese hecho. Con el tiempo, en ellas sólo quedará polvo. Y polvo fue la sustancia de la cual la Biblia dice que Dios creó a Adán en el principio:

Entonces Jehová Dios formó al ser humano del polvo de la tierra, y sopló en su nariz aliento de vida, y fue el hombre un ser viviente.[Génesis 2:7]

Y toda persona que muere regresa al polvo.

Todas las interrogantes básicas respecto a nuestro origen, nuestra existencia, nuestro propósito y destino están claramente contestadas en la Biblia, mediante cuarenta diferentes autores que escribieron 66 libros en un espacio de tiempo de más de 1.600 años. Si todos ellos mintieron en cuanto a estar dirigidos por Dios para escribir, parece extremadamente ilógico creer que tantas personas grandes y honorables en sus épocas hubieran concebido el mismo engaño.

Para mí, tiene sentido creer en la Biblia y en las promesas de Dios escritas en ella.[Juan 5:24]

La Biblia fue escrita en dos continentes, en países separados por cientos de kilómetros, en un espacio de tiempo de dieciséis siglos. Una parte fue escrita en Siria, y otras en Arabia, Italia, Grecia, en el desierto del Sinaí, en las cuevas de Adulam, en la prisión de Roma, en la isla de Patmos, en los palacios del Monte Sión, junto a los ríos de Babilonia y en las riveras del río Quebar.

No existe otra obra literaria en el mundo que se compare con la Biblia. Fue escrita por ganaderos, pastores, pescadores, políticos, príncipes, poetas, filósofos, estadistas, profetas, sacerdotes, publicanos y médicos.

En ella se exhibe todo tipo de estructura literaria: historia, poesía, profecía, carta, proverbio, parábola, alegorías, discursos y oraciones.

Sin embargo no contiene discordia interna. Su unidad y cohesión son uno de los grandes milagros de la historia humana. Hay armonía perfecta desde Génesis hasta Apocalipsis. Todo en ella está de acuerdo con el resto de su contenido, porque fue inspirada por el diseñador por excelencia: Dios. Constituye una unidad entre sus partes, cada sección entretejida con la otra, aunque sus autores humanos vivieron en épocas que se extendieron por casi dos milenios.

¿Podría usted imaginarse el incoherente laberinto que resultaría de un volumen como la Biblia si cuarenta escritores, jueces, políticos, gobernantes, pescadores, miembros del clero y del ministerio, doctores, obreros y otras clases de personas, en un espacio de dieciséis siglos, hubieran escrito sobre algún tema en particular? Sería un documento desorganizado y sin armonía.

Tomemos por ejemplo el tema de la medicina. ¿Podría imaginarse las contradicciones que se presentarían en la información debido a que los escritores están dispersos en un espacio de tiempo de varios siglos?

Sin embargo, la Biblia, que trata sobre temas que cubren la totalidad de lo concerniente a la humanidad, es un conjunto de libros sin error ni incoherencia, que contiene un sistema de doctrina, un plan de salvación, una regla de fe y una historia de amor y de redención de la maldición del pecado.

La Biblia *no fue traída por voluntad humana, sino que los hombres santos de Dios hablaron* (y escribieron) *siendo inspirados por el Espíritu Santo.*[2 Pedro 1:21] Ese es el secreto de este milagro literario al cual llamamos la Biblia, y el porqué todas sus partes están tan entretejidas entre sí.

Los Diez Mandamientos dados a Moisés encuentran su único cumplimiento en el Sermón del Monte dado por Cristo 1.500 años más tarde.

Las profecías de Isaías, escritas 700 años A.C., se desarrollan dentro del contenido de los Evangelios.

El libro de Daniel, escrito entre el 605 y el 535 A. C. y el Apocalipsis, escrito en el año 96 D. C., concuerdan con precisión perfecta.

Levítico, fechado en 1.491 A. C., define la epístola a los Hebreos escrita 1.555 años más tarde en el 64 D. C. Y Hebreos puede ser entendido sólo si se compara paralelamente con el libro de Levítico.

El último libro de la Biblia es cual cúpula que resplandece en el esplendor del mediodía para coronar su unidad completa, a la vez que está misteriosamente entretejido con los primeros capítulos de la Biblia.

La historia de Cristo se va revelando gradualmente a través de la Biblia: 1) En el Antiguo Testamento, se hace la preparación para el advenimiento de Cristo; 2) los cuatro Evangelios presentan Su manifestación; 3) el libro de los Hechos muestra la propagación del evangelio de Cristo; 4) las epístolas contienen la explicación de Su mensaje; y 5) en el Apocalipsis se nos presenta la consumación de Su regreso.

Billy Sunday, el gran evangelista norteamericano, escribió el siguiente elocuente y maravilloso tributo a la Biblia:

"Con el Espíritu Santo sirviéndome de Guía, entré por los pórticos del Génesis, caminando por los corredores de las galerías de arte exhibidas en el Antiguo Testamento, en las que cuelgan de sus paredes los cuadros de Noé, Abraham, Moisés, José, Isaac, Jacob y Daniel. Entré al salón lleno de música de los Salmos, donde el Espíritu se mueve sobre los teclados de la naturaleza haciendo que parezca que cada lengüeta y cañón en el gran órgano de Dios responden al arpa de David, el dulce cantor de Israel.

"Entré a la cámara de Eclesiastés, donde la voz del predicador se escucha, y luego al conservatorio de Sarón y del lirio de los valles donde suaves especias condimentan y perfuman mi vida.

"Entré a las oficinas comerciales de Proverbios y seguí hasta el observatorio de los profetas donde vi telescopios de varios tamaños señalando hacia eventos distantes, concentrándose en el Astro resplandeciente de la mañana que se levantaría por encima de las lomas de Judea, iluminadas por la luz de la luna, para nuestra salvación y redención.

"Entré al salón de audiencias públicas del Rey de reyes, captando la visión escrita en Mateo, Marcos, Lucas y Juan. De allí penetré al aposento de correspondecias donde Pablo, Pedro, Santiago y Juan están escribiendo sus epístolas.

"Luego entré a la cámara real de Apocalipsis, donde dominan las cumbres resplandecientes y donde se sienta el Rey de reyes en Su trono de gloria sosteniendo en Sus manos la sanidad de todas las naciones. Entonces exclamé a gran voz: Al poder de Cristo dad loor, El tiene suprema potestad; Huestes del cielo postraos ante el Señor y al Rey de reyes para siempre coronad".

Capítulo 29

Fundamentos de la fe cristiana

A CONTINUACION HE bosquejado dieciocho fundamentos básicos de la fe cristiana, los cuales le ayudarán a crecer con Dios. No son una exposición total de esta fe, pero sí le ayudarán a relacionarse mejor con su Biblia.

1. Las Escrituras

La Santa Biblia fue escrita por personas con inspiración divina. Es el tesoro perfecto de instrucción celestial. Dios es su autor. La salvación es su fin. Es la verdad, sin error en su esencia. Revela los principios por los cuales Dios nos salva y, por tanto, es, y permanecerá siendo, la verdadera base para la vida cristiana y la norma suprema por la cual son medidos toda conducta, credos y opiniones humanas.

Toda la Escritura es inspirada por Dios, y es útil para enseñar, para redargüir, para corregir, para instruir en justicia, a fin de que seas perfecto, enteramente preparado para toda buena obra. 2 Timoteo 3:16-17; 2 Pedro 1:21; 2 Samuel 23:2; Hechos 1:16; Hechos 3:21; Juan 10:35; Lucas 16:29-31; Salmo 119:3; Romanos 3:1-2

Toda palabra de Dios es limpia; El es escudo

a quienes en él esperan. Proverbios 30:5-6; Juan 17:17; Apocalipsis 22:18; Romanos 3:4

Quienes bajo la ley han pecado, por la ley serán juzgados. Romanos 2:12 *Si oyes mis palabras, la palabra que he hablado, ella te juzgará en el día postrero.* Juan 12:47-48; 1 Corintios 4:3-4; Lucas 10:10-16; Lucas 12:47-48

2. El Dios verdadero

Hay un solo Dios verdadero y viviente, Espíritu infinito todo inteligente, cuyo nombre es Jehová, que tiene existencia propia y se revela a sí mismo como *Yo Soy,* Isaías 44:6; Isaías 45:18 el creador y gobernante supremo del cielo y de la tierra, glorioso inmensurable en santidad y digno de toda honra, confianza y amor posibles. En la unidad de la Deidad, las tres personas del Padre, del Hijo, y del Espíritu Santo son uno en perfección divina, teniendo oficios unidos aunque distintos en la gran obra de la redención de la humanidad.

Dios es Espíritu. Juan 4:24 *Su entendimiento es infinito.* Salmo 147:5 *Tu nombre es Jehová; Tú solo Altísimo sobre toda la tierra.* Salmo 83:18; Hebreos 3:4; Romanos 1:20; Jeremías 10:10

¿Quién como tú, magnífico en santidad? Exodo 15:11; Isaías 6:3; 1 Pedro 1:15-16; Apocalipsis 4:6-8

Y amarás al Señor tu Dios con todo tu corazón, y con toda tu alma, y con toda tu mente, y con todas tus fuerzas. Marcos 12:30

Señor, digno eres de recibir la gloria y la honra y el poder. Apocalipsis 4:11; Mateo 10:37

3. La caída de la humanidad

Las Escrituras enseñan que Dios creó a la

humanidad *a su imagen,* Génesis 1:27 para compartir Su vida, amor y propósito. Le eran de un valor infinito. El les pidió solamente que confiaran en Su palabra, pero escogieron no creerla y como resultado se inició el deterioro y la muerte. Fueron separados de Dios para ser esclavos de Satanás, y la semilla de la desconfianza siguió innata en sus descendientes.

Creó Dios al ser humano a su imagen. Génesis 1:27 *Y vio Dios que todo lo que había hecho, y aquí que era bueno en gran manera.* Génesis 1:31; Génesis 2:16; Hechos 17:26

Y vio la mujer que el árbol era bueno para comer; y tomó de su fruto, y comió; y dio también a su marido, el cual comió así como ella. Génesis 3:6-24; Romanos 5:12

Por la desobediencia de una persona los muchos fueron constituidos pecadores. Romanos 5:19; Juan 3:6; Salmo 51:5; Romanos 5:15-19; Romanos 8:7 *Todos nosotros nos descarriamos, cada cual se apartó por su camino.* Isaías 53:6; Génesis 6:12; Romanos 3:9-18

Entre los cuales también todos nosotros vivimos en otro tiempo en los deseos de nuestra carne, haciendo la voluntad de nuestra carne y de los pensamientos, y éramos por naturaleza hijos de la ira, lo mismo que los demás. Efesios 2:3; Romanos 1:18-32; Romanos 2:1-16; Gálatas 3:10; Mateo 20:15

4. El camino de salvación

La salvación de la humanidad es por la gracia sola por medio de Jesucristo, quien asumió nuestra naturaleza, aunque sin pecado; entonces, El padeció el juicio contra nuestros pecados cuando murió en la cruz, y nos justificó y nos restauró ante Dios como si jamás hubiéramos pecado. Habiendo resucitado de entre los muertos, El ahora vive como nuestro Representante, Salvador y Señor.

Por gracia sois salvos. Efesios 2:5; Mateo 18:11; 1 Juan 4:10; 1 Corintios 3:5-7; Hechos 15:11

Porque de tal manera amó Dios al mundo, que ha dado a su Hijo unigénito, para quienquiera que en él cree, no se pierda, mas tenga vida eterna. Juan 3:16; Juan 1:1-4; Hebreos 4:14; Hebreos 12:24

Cristo Jesús, quien existiendo en la forma de Dios, no refutó codiciable tesoro mantenerse igual a Dios, antes se anonadó, tomando la forma de siervo y haciéndose semejante a los hombres. Filipenses 2:6-7; Hebreos 2:9,14; 2 Corintios 5:21

El fue herido por nuestras rebeliones, molido por nuestros pecados; el castigo de nuestra paz fue sobre él, y por su llaga fuimos nosotros curados. Isaías 53:4-5

El puede también salvar perpetuamente a quienes por él se acercan a Dios, viviendo siempre para interceder por ellos. Hechos 7:25 *Porque en él habita corporalmente toda la plenitud de la Deidad.* Colosenses 2:9; Hebreos 2:8; 7:26

5. La regeneración

La regeneración, o el nuevo nacimiento, es el milagro experimentado por quienes creen en Cristo y reciben Su redención. Reciben la implantación de Su vida y de Su justicia, y experimentan una nueva creación, un renacimiento, una transformación de la pecaminosidad a la justicia, y del deterioro a la naturaleza y la vida de Dios. Es una experiencia en la que Cristo Jesús es aceptado por la fe y abrazado como la fuente de la vida nueva que se recibe.

De cierto de cierto te digo, que el que no naciere de nuevo, no puede ver el reino de Dios. Juan 3:3

Lo que es nacido de la carne, carne es; y lo que es nacido del Espíritu, espíritu es. Juan 3:6

Siendo renacidos, no de simiente corruptible, sino de incorruptible, por la Palabra de Dios. 1 Pedro 1:23

El de su voluntad nos hizo nacer por la palabra de verdad. Santiago 1:18

Si una persona está en Cristo, nueva criatura es. 2 Corintios 5:17

Sabed también que todo ser humano que hace justicia es nacido de él. 1 Juan 2:29

Y vestíos de la nueva persona, creada según Dios en la justicia y santidad de la verdad. Efesios 4:24

Y vosotros, estando muertos en pecados y en la incircuncisión de vuestra carne, os dio vida juntamente con él. Colosenses 2:13

Presentaos vosotros mismos a Dios como vivos de entre los muertos. Romanos 6:13

El cual nos ha librado de la potestad de las tinieblas, y trasladado al reino de su amado Hijo. Colosenses 1:13

Quienes no son engendrados de sangre, ni de voluntad de carne, ni de voluntad de un ser humano, sino de Dios. Juan 1:13

Y esto erais algunos de vosotros; pero ya habéis sido santificados, ya habéis sido justificados en el nombre del Señor Jesús, y por el Espíritu de nuestro Dios. 1 Corintios 6:11

6. El arrepentimiento

El arrepentimiento es un acto de la persona causado por el Espíritu de Dios, que resulta en un cambio de mente y de voluntad en quienes escuchan que Jesucristo, debido a Su amor divino, sufrió el juicio que merecían sus pecados a fin de redimirles y que, por lo tanto, hacen la resolución de volverse de sus pecados para aceptar la justicia que es por la fe en Cristo Jesús.

En aquellos días vino Juan el Bautista predicando en el desierto de Judea, y diciendo: Arrepentíos, porque el reino de los cielos se ha acercado. Mateo 3:1-2

Desde entonces comenzó Jesús a predicar, y a decir: Arrepentíos, porque el reino de los cielos se ha acercado. Mateo 4:17

Y diciendo: El tiempo se ha cumplido, y el reino de Dios se ha acercado; arrepentíos, y creed en el evangelio. Marcos 1:15

Así que, arrepentíos y convertíos, para que sean borrados vuestros pecados. Hechos 3:19

Pero Dios, habiendo pasado por alto los tiempos de esta ignorancia, ahora manda a la gente en todo lugar, que se arrepienta. Hechos 17:30

Testificando a judíos y a gentiles acerca del arrepentimiento para con Dios, y de la fe en nuestro Señor Jesucristo. Hechos 20:21

Porque la tristeza que es según Dios produce arrepentimiento para salvación. 2 Corintios 7:10

Y que se predicase en su nombre el arrepentimiento y el perdón de pecados en todas las naciones, comenzando desde Jerusalén. Lucas 24:47

A este –a Jesucristo– *Dios ha exaltado con su*

*diestra por Príncipe y Salvador, para dar a Israel arrepentimiento y perdón de pecados.*Hechos 5:31

*Pero por tu dureza y por tu corazón no arrepentido, atesoras para ti mismo ira para el día de la ira y de la revelación del justo juicio de Dios.*Romanos 2:5

*Deje el impío su camino y la persona inicua sus pensamientos, y vuélvase a Jehová quien le tendrá misericordia, y al Dios nuestro, el cual será amplio en perdonar.*Isaías 55:7

7. La fe

Fe es aceptar, sin cuestionarlo, el hecho de que la palabra de Dios es infalible e inequívocamente digna de confianza. Es un asentimiento de la mente y un consentimiento del corazón, por los cuales el creyente es llevado a una relación vital con Dios, es libremente justificado y vive confiando en Cristo plenamente para su salvación, y le entrega a El el corazón y la vida.

*Cree en el Señor Jesucristo, y serás salvo.*Hechos 16:31

*Porque el fin de la ley es Cristo, para justicia a toda persona que cree.*Romanos 10:4

*Justificados, pues, por la fe, tenemos paz para con Dios por medio de nuestro Señor Jesucristo.*Romanos 5:1

*Es, pues, la fe la certeza de lo que se espera, la convicción de lo que no se ve.*Hebreos 11:1

*Pero sin fe en imposible agradar a Dios.*Hebreos 11:6

*Porque en el evangelio la justicia de Dios se revela por fe y para fe, como está escrito: Mas el justo por la fe vivirá.*Romanos 1:17

Y se cumplió la Escritura que dice: Abraham creyó a Dios, y le fue contado por justicia. Santiago 2:23

Bendita la persona que confía en Jehová, y cuya confianza es el Señor. Jeremías 17:7

Quienes confían en el Señor son como el monte de Sión, que no se mueve, sino que permanece para siempre. Salmo 125:1

El Señor redime el alma de sus siervos, y no serán avergonzados quienes en él confían. Salmo 34:22

Porque por fe andamos, no por vista. 2 Corintios 5:7

La justicia de Dios (es) *por medio de Jesucristo, para toda persona que cree en él.* Romanos 3:22

Porque con el corazón se cree para justicia, pero con la boca se confiesa para salvación. Romanos 10:10

8. La justificación

La justificación es la posición restaurada de la persona ante Dios, y que le hace constituirse en Su amigo y asociado, como si ningún pecado se hubiera cometido, porque Jesucristo cumplió en la cruz con las demandas legales del juicio contra nuestros pecados. Lo hizo para probar lo mucho que Dios nos ama. Como ninguna culpa debe ser enjuiciada dos veces ni ninguna deuda debe ser pagada dos veces, dejamos de tener culpa. Por el favor infinito de Dios, somos regenerados y redimidos como si jamás hubiéramos cometido pecado alguno.

De su plenitud tomamos todos. Juan 1:16; Efesios 3:8

En él es justificado todo ser humano que cree. Hechos 13:39; Isaías 3:11-12; Romanos 8:1

Estando ya justificados en su sangre, por él seremos salvos de la ira. Romanos 5:9; Zacarías 13:1; Hechos 10:43 *Justificados, pues, por la fe, tenemos paz para con Dios por medio de nuestro Señor Jesucristo; por quien también tenemos entrada por la fe a esta gracia en la cual estamos firmes, y nos gloriamos en la esperanza de la gloria de Dios.* Romanos 5:1-2; 6:11; 1 Corintios 1:30-33; 1 Timoteo 4:8

9. El cuerpo de Cristo

La iglesia es el cuerpo de Cristo que está formado por todas las personas que aceptan a Jesucristo como su único Salvador del pecado, y que confían en Su sacrificio y en Su sangre como único medio de remisión de sus pecados, y que lo confiesan a El como Señor y Maestro de sus vidas. El cuerpo de Cristo está constituido colectivamente por todos los creyentes, e individualmente por cada creyente. La verdadera iglesia es el verdadero cristiano. Cristo vive en el creyente y El expresa Su ministerio de compasión, Su amor, Su vida y Sus palabras por medio del creyente cristiano, quien es Su iglesia, es Su cuerpo.

Vosotros, pues, sois el cuerpo de Cristo, y miembros cada uno en particular. 1 Corintios 12:27; Romanos 12:4-5; Efesios 1:20-23; Colosenses 1:18-24

¿O ignoráis que vuestro cuerpo es templo del Espíritu Santo, el cual está en vosotros, el cual tenéis de Dios, y que no sois vuestros? 1 Corintios 6:19-20; Filipenses 1:20-21

¿Y qué acuerdo hay entre el templo de Dios y los ídolos? Porque vosotros sois el templo del Dios viviente, como Dios dijo: Habitaré y andaré entre ellos, y seré su Dios, y ellos serán mi pueblo. 2 Corintios 6:16; Hebreos 3:6

En quien todo el edificio, bien coordinado, va creciendo para ser un templo santo en el Señor; en quien vosotros también sois juntamente edificados para morada de Dios en el Espíritu. Efesios 2:21-22

Porque somos miembros de su cuerpo, de su carne y de sus huesos. Efesios 5:30; 1 Corintios 12:12-20; Efesios 4:15-16; Filipenses 1:20-21

10. El bautismo cristiano

Toda persona que cree en Jesucristo y lo confiesa como Salvador personal sigue Su ejemplo por medio del bautismo en agua.

Es una señal externa de una obra interna, un testimonio público que simboliza el hecho de que, como Cristo murió en la cruz, así nosotros ahora nos reconocemos muertos al pecado.

Como Cristo fue sepultado, así nosotros somos sepultados con El en el bautismo.

Como Cristo fue resucitado de entre los muertos, así somos nosotros levantados del agua con Su nueva vida en nuestro ser.

Porque somos sepultados juntamente con él para muerte por el bautismo, a fin de que como Cristo resucitó de los muertos para la gloria del Padre, así también nosotros andemos en vida nueva. Romanos 6:4; Hechos 10:48; Hechos 22:16; Colosenses 2:12; 1 Pedro 3:20-21

Y dijo el eunuco: Aquí hay agua; ¿qué impide que yo sea bautizado? Felipe dijo: Si crees de todo corazón, bien puedes; y descendieron ambos al agua, Felipe y el eunuco, y le bautizó. Hechos 8:36-38; Mateo 3:5-6; Mateo 28:19; Marcos 16:16; Juan 3:22-23; Hechos 2:38; Hechos 8:12; Hechos 16:32-34; Hechos 18:8

Id pues, enseñad a todas las gentes, bauti-

zándoles en el nombre del Padre, y del hijo, y del Espíritu Santo. Mateo 28:19; Hechos 10:47-48

Arrepentíos y bautícese cada uno de vosotros en el nombre de Jesucristo para perdón de los pecados; y recibiréis el don del Espíritu Santo. Hechos 2:38

¿Puede acaso alguno impedir el agua, para que no sean bautizados estos? Y mandó bautizarles en el nombre del Señor Jesús. Hechos 10:47-48; Gálatas 3:27-28

Así que, quienes recibieron su palabra fueron bautizados; y se añadieron aquel día como tres mil personas. Y perseveraban en la doctrina de los apóstoles, en la comunión unos con otros, en el partimiento del pan y en las oraciones. Hechos 2:41-42

11. La cena del Señor

La cena del Señor consiste de pan y vino, como símbolos del cuerpo y de la sangre de Cristo, tomados por los creyentes cristianos en memoria del sacrificio de nuestro Señor Jesucristo. Al participar de estos elementos, los cristianos muestran su fe en el amor de Cristo y en la vida eterna mediante Su resurrección.

Y Cristo tomó el pan y dio gracias y lo partió y les dio diciendo: Esto es mi cuerpo, que por vosotros es dado; haced esto en memoria de mí. De igual manera, después que hubo cenado, tomó la copa, diciendo: Esta copa es el nuevo pacto en mi sangre, que por vosotros es derramada. Lucas 22:19-20; Marcos 14:20-26; Mateo 26:26-30; 1 Corintios 10:16; 1 Corintios 11:27-30

Así, pues, todas las veces que comiereis este pan, y bebiereis esta copa, la muerte del Señor anunciáis hasta que él venga. 1 Corintios 11:26; Mateo 28:20

Así que, examínese a sí mismo antes de comer el pan y beber la copa. 1 Corintios 11:28; Hechos 2:24-46; Hechos 20:7-11

Y perseveraban en la doctrina de los apóstoles, en la comunión unos con otros, en el partimiento del pan y en las oraciones. Hechos 2:42

12. Sanidad física y espiritual

Dios creo a la humanidad en armonía perfecta consigo mismo. Es Su voluntad que nuestro espíritu, alma y cuerpo estén fuertes. En el Antiguo Testamento el pacto de Dios incluía la sanidad para las enfermedades y las dolencias físicas. Este pacto fue ratificado en los Evangelios por el ministerio de sanidad de Cristo. La iglesia en la era apostólica enseñó y practicó la sanidad divina para el cuerpo físico. El ministerio de la iglesia, según fue instituido por Cristo y confirmado por el Espíritu Santo en la iglesia mediante los apóstoles, permanece inmutable hasta el día de hoy.

Mas a todos (los pecadores) *que le recibieron fueron nacidos de Dios.* Juan 1:12-13 *Y todos* (los enfermos) *que le tocaban quedaban sanos.* Marcos 6:56

Si oyeres atentamente la voz de Jehová tu Dios, e hiciereis lo recto delante de sus ojos, y diereis oído a sus mandamientos, ninguna enfermedad te enviaré, porque yo soy Jehová tu sanador. Exodo 15:26

El es quien perdona todas tus iniquidades, el que sana todas tus dolencias. Salmo 103:3

El herido fue por nuestras rebeliones, molido por nuestros pecados; el castigo de nuestra paz *fue sobre él, y por su llaga fuimos nosotros curados.*Isaías 53:5

El (Cristo) *sanó todas las enfermedades; para que se cumpliese lo dicho por el profeta Isaías, cuando dijo: El mismo tomó nuestras enfermedades, y llevó nuestras dolencias.*Mateo 8:16-17

*Quien llevó él mismo nuestros pecados en su cuerpo sobre el madero, para que nosotros, estando muertos a los pecados, vivamos a la justicia, por cuya herida fuisteis sanados.*1 Pedro 2:24

*Deseo que tú seas prosperado en todas las cosas, y que tengas salud, así como prospera tu alma.*3 Juan 1:2

*Jesucristo es el mismo ayer, y hoy, y por los siglos.*Hebreos 13:8

*¿Estás enfermo? Llama a los ancianos de la iglesia, y oren por ti, ungiéndote con aceite en el nombre de Señor. Y la oración de fe te salvará, y el Señor te levantará; y si hubieres pecado, te serán perdonados.*Santiago 5:14-15

13. El evangelismo y el Espíritu Santo

La misión de Jesucristo hacia el mundo persigue la redención de la humanidad. El comisionó a todos los creyentes para que anuncien a todo ser humano las buenas nuevas de que El murió por sus pecados, que El resucitó para su justificación y que El vive como su único Salvador y Señor.

Con la finalidad de cumplir con esta misión, Cristo dijo a Sus seguidores que recibirían el poder del Espíritu Santo, el cual los capacitaría para obrar milagros a fin de probar que El está vivo hoy, en evidencia al mundo de que el mensaje del evangelio es la verdad.

Cristo Jesús vino al mundo para salvar a los pecadores. 1 Timoteo 1:15; Isaías 53:4-5; 1 Corintios 15:3; Tito 2:14; Gálatas 3:13; Hebreos 2:9; 1 Pedro 2:24; 1 Pedro 3:18; 1 Juan 3:5

Porque el Hijo del Hombre vino a buscar y a salvar lo que se había perdido. Lucas 19:10; Juan 3:17; Hechos 5:31; Hebreos 7:25; 1 Pedro 1:18-20

Y todo proviene de Dios, quien nos reconcilió consigo mismo por Cristo, y nos dio el ministerio de la reconciliación. 2 Corintios 5:18; Efesios 2:16; Colosenses 1:20; Hebreos 2:17

Cristo dijo: *De cierto os digo: No puede el Hijo hacer nada por sí mismo.* Juan 5:19-20; Juan 15:5

Dios ungió con el Espíritu Santo y con poder a Jesús de Nazaret. Hechos 10:38; Lucas 4:18; Lucas 24:48-49; Juan 15:16

Recibiréis poder, cuando haya venido sobre vosotros el Espíritu Santo, y me seréis testigos... hasta lo último de la tierra. Hechos 1:8; Hechos 2:32; Hechos 3:15; Hechos 4:33; Hechos 5:32; Mateo 24:14

Venid en pos de mí, y os haré pescadores de otros seres humanos. Mateo 4:19; Mateo 28:19-20; Marcos 16:15

14. Dar para recibir

Si consideramos que Dios creó las riquezas de este planeta para el uso y la prosperidad de Sus hijos que hacen Su voluntad, entonces el sostenimiento financiero de todos los ministerios de Su iglesia debe ser provisto por aquellos cristianos que: (a) honran al Señor con sus primicias; (b) traen sus diezmos al alfolí, y (c) dan sus ofrendas para ministerios de evangelismo dirigidos a ganar almas.

Al hacerlo, Dios quiere que prosperen financieramente, y tengan salud, así como sus almas prosperan. Dios quiere que el aumento que tengan en sus posesiones materiales, de acuerdo a Su ley de sembrar para cosechar, sea igual al que el agricultor tiene al cosechar más que lo que sembró, de modo que pueda tener más para sembrar y como resultado cosechar más.

Mía es la plata, y mío es el oro, dice el Señor. Hageo 2:8; Exodo 19:5; Levítico 25:23; Salmo 50:10

Honra al Señor con tus bienes, y con las primicias de todos tus frutos; y serán llenos tus graneros con abundancia. Proverbios 3:9-10

Traed todos los diezmos al alfolí y haya alimento en mi casa; y probadme ahora en esto, dice Jehová de los ejércitos, si no os abriré las ventanas de los cielos y derramaré sobre vosotros bendición hasta que sobreabunde. Malaquías 3:10

Dad y se os dará; medida buena, apretada, remecida, rebosante, será derramada en vuestro regazo. Porque con la misma medida que medís, os volverán a medir. Lucas 6:38; 2 Corintios 9:8; 1 Timoteo 6:17-19

La bendición de Señor es la que enriquece, y no añade tristeza con ella. Proverbios 10:22; Eclesiastés 5:19; Salmo 112:1-3

Quien siembra escasamente, también segará escasamente; y quien siembra generosamente, generosamente también segará. 2 Corintios 9:6; 2 Corintios 7:11; Gálatas 6:7; Hechos 20:35

15. El gobierno civil

El gobierno civil está establecido por orden divino, para defender los intereses y para el bienestar de las sociedades humanas. Debemos orar por los gobernantes, obedecerles y honrarles con buena conciencia, pero nunca por encima de la voluntad de nuestro Señor Jesucristo, quien es el único Señor de la conciencia y el Príncipe de los reyes de la tierra.

Las autoridades que gobiernan son ordenadas por Dios, y no son motivo de temor, sino para el que hace el mal. Romanos 13:1-7

Sométanse por amor al Señor a toda autoridad instituida entre los seres humanos. 1 Pedro 2:13

Dad a César lo que es de César, y a Dios lo que es de Dios. Mateo 22:21; Tito 3:1; 1 Pedro 2:13; 1 Timoteo 2:1-8

Es necesario obedecer a Dios antes que a los hombres. Hechos 5:29

No temáis a quienes matan el cuerpo, mas al alma no pueden matar. Mateo 10:28; Daniel 3:15-18; Daniel 6:7-10; Hechos 4:18-20

Porque Cristo es tu único Jefe. Mateo 23:10 *¿Tú quién eres, que juzgas al criado ajeno?* Romanos 14:4 *Y en su vestidura y en su muslo tiene escrito este nombre: Rey de reyes Y Señor de señores.* Apocalipsis 19:16; Salmo 72:11; Romanos 14:9-13

16. El mundo venidero

El fin del mundo se está acercando. En el Ultimo Día, una separación final se llevará a cabo. Los incrédulos serán sentenciados a un sufrimiento eterno, y los justos a un gozo interminable y a una perfección eterna.

El fin del mundo se acerca; sean ustedes sobrios y velen en oración. 1 Pedro 4:7 BV; 1 Corintios 7:29-31; Hebreos 1:10-12; Mateo 24:35; Mateo 28:20; 1 Juan 2:17

Este mismo Jesús, que ha sido tomado de vosotros al cielo, así vendrá como lo habéis visto ir al cielo. Hechos 1:11; Apocalipsis 1:7; Hebreos 9:28; Hechos 3:21

Habrá una resurrección de los muertos, así de justos como de injustos. Hechos 24:15; 1 Corintios 15:12-58; Lucas

14:14; Daniel 12:2; Juan 5:28-29; Juan 6:40; Juan 11:25-26; 2 Timoteo 1:10; Hechos 10:42 *Saldrán los ángeles, y apartarán a los malos de entre los justos.* Mateo 13:49; Mateo 13:37-43; mateo 24:30-31

E irán éstos al castigo eterno, y los justos a la vida eterna. Mateo 25:46

Puesto que todas estas cosas han de ser deshechas, ¡cómo no debéis vosotros andar en santa y piadosa manera de vivir, esperando y apresurándoos para la venida del día de Dios! 2 Pedro 3:11-12

17. Entrega personal

Puesto que he recibido al Señor Jesucristo como mi Salvador personal y como me he dado enteramente a El, aquí y ahora mismo hago la resolución de caminar en El, con amor hacia la demás gente y para Su gloria. Por tanto, en Su fuerza y poder, hago el propósito de:

Que demostraré un cuidado genuino hacia los demás y aprovecharé toda oportunidad para exaltar y alentar a toda persona que me encuentre en mi camino;

Que disfrutaré del compañerismo de otros creyentes, y que públicamente reconoceré a Jesucristo como mi Salvador y Señor;

Que atesoraré la adoración familiar y las enseñanzas en el hogar, y que seré fiel en educar en las Escrituras a mis hijos y a todos aquellos que estén bajo mi influencia, de modo que muestren el amor por Cristo al compartir Su vida y Su amor con las demás personas;

Que sistemáticamente invertiré una parte de mis bienes materiales en la obra del Señor, llevando mis primicias, diezmos y ofrendas para la obra de evangelismo, de manera que Dios me prospere para la expansión de Su reino al yo expresar y propagar el evangelio a toda la gente de todo el mundo;

Que en todas las circunstancias de la vida, hasta que llegue la muerte, me esforzaré por vivir para la gloria de Aquel que me ha llamado de las tinieblas a Su luz admirable.

18. El credo apostólico

La forma más concisa de la totalidad de los fundamentos de la doctrina cristiana, está en el histórico y reverenciado Credo Apostólico, el cual ha sobrevivido desde el siglo cuarto, y es considerado como el más antiguo y perdurable resumen que existe de la doctrina cristiana. Agustín lo llamó la declaración *brevis y grandis, tan breve como es el número de sus letras, y tan grandioso como es el peso de su contenido. Expresa, en claridad nítida, los fundamentos esenciales de la fe cristiana en general, y lee como sigue:*

Creo en Dios Padre Todopoderoso, Creador del cielo y de la tierra;

Y en Jesucristo, su único hijo, Señor nuestro;

Que fue concebido del Espíritu Santo,

Nació de la virgen María,

Padeció bajo el poder de Poncio Pilato,

Fue crucificado, muerto y sepultado;

Descendió al infierno,

Al tercer día resucitó de entre los muertos;

Ascendió al cielo y está sentado a la diestra de Dios Padre Todopoderoso,

Desde donde vendrá a juzgar a los vivos y a los muertos.

Creo en el Espíritu Santo, la Santa Iglesia universal, la comunión de los santos, el perdón de los pecados, la resurrección del cuerpo, y la vida perdurable. Amén.

Bendición

Y el Dios de paz que resucitó de los muertos a nuestro Señor Jesucristo, el gran pastor de las ovejas, por la sangre del pacto eterno, os haga aptos en toda obra buena para que hagáis su voluntad, haciendo él en vosotros lo que es agradable delante de él por Jesucristo; al cual sea la gloria por los siglos de los siglos. Amén Hebreos 13:20-21

8ª PARTE

LA BUENA VIDA ES PARA USTED

LO QUE DIOS HA hecho por otras personas, desea hacerlo por usted también.

La buena vida es para todo hombre, mujer, niño y niña que quiera realizar el sueño y el ideal de Dios para su vida.

Cuando descubra sus raíces en Dios y la abundancia que El ha creado para usted, comenzará a ver su verdadero valor personal y el por qué es Su voluntad que usted tenga éxito, felicidad, salud y prosperidad.

He aquí la forma de poder recibir lo mejor de Dios para su vida tanto espiritual, física como materialmente.

Capítulo 30

Cómo ser salvo o ser salva

¿HA LANZADO ALGUNA vez una soga a una persona que se estaba ahogando haciendo que se agarre de ella mientras usted tira y la rescata?

¿Ha rescatado a alguien de un edificio ardiendo? ¿Ha salvado alguna vez a alguien? ¿Alguna persona le ha salvado a usted?

Yo quiero decirle cómo usted puede ser salvo o salva de sus pecados, de la muerte, de la enfermedad y del diablo.

Usted puede ser salvo o salva en estos mismos momentos.

La Biblia dice: *Palabra fiel y digna de ser recibida por todos: que Cristo Jesús vino al mundo para salvar a los pecadores.* 1 Timoteo 1:15

El ángel dijo: *Llamarás su nombre Jesús, porque él salvará a su pueblo de sus pecados.* Mateo 1:21

La Biblia dice: *Porque no envió Dios a su Hijo al mundo para condenar al mundo, sino para que el mundo sea salvo por él.* Juan 3:17 Y Pedro dijo: *Toda persona que invocare el nombre del Señor, será salva.* Hechos 2:21

Usted no fue hecho para una vida de pecado ni de enfermedad. Fue hecho o hecha para caminar con Dios. Pero el pecado le ha separado de Dios.Isaías 59:2

Pero gracias a Dios que ahora *Cristo Jesús vino al mundo para salvar a los pecadores.*1 Timoteo 1:15 El vino para salvarle a usted.

¿Qué significa ser salvo o salva?

Primero: Quiere decir que se nace de nuevo, para ser hecho un hijo o una hija de Dios.

La Biblia dice: *A todo ser humano que le ha recibido, le ha dado potestad de ser hecho hijo e hija de Dios.*Juan 1:12

¡Qué maravilla que usted pueda recibir un nuevo nacimiento que le hace parte de la familia real de Dios! Usted nació una vez, nació dentro del pecado, un hijo o hija de pecado, un siervo o sierva del diablo. Ahora Cristo le dice: *Os es necesario nacer de nuevo.*Juan 3:7 Debe convertirse, ser salvo, ser hecho nuevo o nueva.

Si usted recibe a Jesucristo en su vida hoy, será hecho un hijo o una hija de Dios, porque *Cristo vino para salvar a los pecadores.*1 Timoteo 1:15 ¿Desea nacer de nuevo hoy mismo?

¿Qué más significa ser salvo?

Segundo: Quiere decir que se recibe una vida nueva.

Pablo dijo: *Toda persona que está en Cristo nueva criatura es, y todas las cosas son hechas nuevas.*2 Corintios 5:17

Eso es exactamente lo que acontece cuando Cristo le salva. Se experimenta una conversión. Los deseos, hábitos y deseos antiguos quedan atrás. Todas las cosas son hechas nuevas. Usted recibe la nueva vida de Cristo.

El dijo: *Yo he venido para que tengan vida, y para que la tengan en abundancia.*[Juan 10:10]

¿Desea recibir Su vida nueva ahora mismo?

Tercero: Significa recibir paz.

Cristo dijo: *La paz os dejo, mi paz os doy.*[Juan 14:27] Y dijo: *Yo he venido para que en mí tengáis paz.*[Juan 16:33]

La paz genuina viene sólo con el perdón y la salvación de Cristo. En el pecado jamás podrá tener paz en su espíritu. La Biblia dice: *No hay paz, dijo mi Dios, para los impíos.*[Isaías 57:21] *Pero justificados por la fe, tenemos paz para con Dios por medio de nuestro Señor Jesucristo.*[Romanos 5:1]

¿Anhela tener Su paz en usted?

Cuarto: Usted fue creado o creada a imagen de Dios,[Génesis 1:27] de manera que pudiera caminar con Dios,[Génesis 1:27] pero el pecado le separó de Dios.[Isaías 59:2] Ahora, en lugar de poseer comunión con el Padre, usted le tiene miedo a Dios; la idea de verse frente a El le aterra.[Romanos 14:10-12; 2 Pedro 3:7-8; Judas 1:14-15] El pecado lo condena y lo hace culpable delante de Dios.[Juan 3:18; Romanos 5:12,18]

Solo Cristo puede salvarle del pecado.[Mateo 1:21; Hechos 4:12] El borrará toda mancha de pecado y le traerá de nuevo a Dios con su cuenta pagada y limpia como si jamás hubiera pecado. Entonces podrá decir con Juan: *Nuestra comunión verdaderamente es con el Padre, y con su Hijo Jesucristo.*[1 Juan 1:3] *El será un amigo más unido que un hermano o hermana.*[Proverbios 18:24] ¡Usted puede recibirlo en estos mismo momentos!

Quinto: Ser salvo significa recibir sanidad física.

La Biblia dice: *Mas a Jehová vuestro Dios serviréis, y yo quitaré toda enfermedad de en medio de ti.* Exodo 23:25

La Biblia dice: *El es quien perdona todas tus iniquidades, el que sana todas tus dolencias.* Salmo 103:3

La salvación incluye la sanidad física así como la salud mental. Ser salvo significa tener salud y bienestar tanto física como espiritualmente.

En los Evangelios, Cristo siempre perdonó a los pecadores y sanó a los enfermos, y El *es el mismo ayer, y hoy, y por los siglos.* Hebreos 13:8

Cristo ha venido para salvarle hoy. *He aquí ahora el tiempo aceptable; he aquí ahora el día de salvación.* 2 Corintios 6:2

Usted puede recibirlo ahora mismo. Puede ser hecho un verdadero cristiano. Puede ser salvo, puede ser salva.

¿Qué es ser un verdadero cristiano?

Según la Biblia, un verdadero cristiano es la persona que: (1) ha venido a Dios en un estado inconverso; (2) ha aceptado por la fe al Señor Jesucristo como Salvador personal, rindiéndose a El como su Señor y Jefe; (3) confiesa ante el mundo a Jesucristo como Señor, y luego (4) se esfuerza por agradarle en todo cada día de su vida.

Si usted no está seguro o segura de haber aceptado personalmente a Jesucristo en su corazón como su Señor y Jefe, entonces gustosamente yo se le presento y le señalo el camino de paz con Dios, del perdón de pecados y del gran gozo de vivir la vida en Cristo.

Primero: Reconozca que ha pecado. *Todos*

*los seres humanos han pecado y están destituidos de la gloria de Dios.*Romanos 3:23 *Si decimos que no tenemos pecado, nos engañamos.*1 Juan 1:8

Segundo: Sienta dolor genuino por haber pecado y arrepiéntase de sus pecados. *Y el publicano, estando lejos, no quería ni aun alzar los ojos al cielo, sino que se golpeaba el pecho, diciendo: Dios, sé propicio a mí, pecador.*Lucas 18:13 *La tristeza que es según Dios produce arrepentimiento para salvación.*2 Corintios 7:10

Tercero: Confiese sus pecados a Dios. *Si cubre sus pecados no prosperará; mas si los confiesa y se aparta alcanzará misericordia.*Proverbios 28:13 *Si confesamos* (a El) *nuestros pecados, él es fiel y justo para perdonar nuestros pecados y limpiarnos de toda maldad.*1 Juan 1:9

Cuarto: Abandone sus pecados y sepárese de ellos. *Deje la persona impía su camino, y el inicuo sus pensamientos, y vuélvase a Jehová, y al Dios nuestro, el cual será amplio en perdonar.*Isaías 55:7 *Si confiesas y te apartas de tus pecados, alcanzarás misericordia.*Proverbios 28:13

Quinto: Pida perdón por sus pecados. *El es quien perdona todas tus iniquidades.*Salmo 103:3 *Venid luego, dice el Señor, y estemos a cuenta: si vuestros pecados fueran como la grana, como la nieve serán emblanquecidos; si fueren rojos como el carmesí, vendrán a ser como blanca lana.*Isaías 1:18

Sexto: Consagre su vida entera a Cristo. *A cualquiera, pues, que me confiese delante de los demás, yo también le confesaré delante de mi Padre que está en los cielos.*Mateo 10:32 *Mas vosotros sois linaje escogido, para que anunciéis las virtudes de aquel que os llamó de las tinieblas a su luz admirable.*1 Pedro 2:9

SEPTIMO: Crea que Dios le salva por Su gracia. *Porque por gracia sois salvos por medio de la fe; y esto no de vosotros, pues es don de Dios; no por obras, para que nadie se glorie.* Efesios 2:8,9; 1 Juan 2:12; Efesios 1:7

Ahora mismo, encuentre un lugar a solas con Dios, póngase de rodillas y eleve al Señor esta oración en voz alta:

Oh Señor que estás en los cielos:

Aquí y ahora creo en Ti, Señor Jesucristo, Hijo de Dios. Creo que en Tu gran misericordia y amor, moriste por mí, como mi sustituto personal.

Creo que Tú sufriste todo el castigo que mis pecados merecían y que pagaste el precio total de manera que ya no existan más pecados en mi cuenta.

¡Señor, qué amor tan grande manifestaste hacia mí!

Tú eres completamente inocente. Yo soy el culpable. He quebrantado la ley de Dios. Yo soy quién debí ser crucificado, pero me amaste demasiado y no me dejaste morir por mis pecados. Te doy tantas gracias por haber tomado mi lugar y por pagar mi deuda completa.

Cuando sufriste por el castigo que yo merecía, me dejaste libre. Ya no queda ningún pecado que me condene, así que no existe motivo para sentirme culpable delante de Dios. Jamás seré juzgado ni condenado por aquellos pecados por los cuales Tú moriste. Ya fueron juzgados en Ti, oh Señor.

Todos mis pecados y mi vieja naturaleza fueron puestos en Tu cuenta y Tú los pagaste

por mí. Ahora toda Tu justicia inmaculada es puesta en mi cuenta, de modo que quedo redimido y salvo.

Señor, yo creo en Jesucristo.

Aquí y ahora te doy la bienvenida en mi corazón como mi Salvador del pecado, del infierno y de todas las fuerzas del diablo.

Yo te acepto a Ti Cristo, como el Señor de mi vida, y aquí y ahora me dedico para agradarte. Jesucristo, Tú has dicho que si yo venía a Ti, no me rechazarías. He acudido a Ti con todo mi corazón, como un pecador impotente y culpable, buscando salvación, y confiando sólo en Tu sangre redentora.

Confío que la sangre de Jesucristo me limpia de todo pecado y transgresión que haya en mi vida.

Confío que ya hiciste lo suficiente y necesario por mí; que pagaste el precio completo de mis transgresiones, y que jamás tendré que pagar nuevamente lo que Tú pagaste. Ya Tú lo pagaste todo.

Confío en la redención que has realizado en mi alma.

Tengo la confianza de que soy salvo, porque he invocado el nombre del Señor.

Nunca haré ningún esfuerzo adicional ni reclamo de méritos ni pagaré otro precio ni ofreceré otras buenas obras ni jamás pensaré ni diré, mientras viva, nada más para tener mis pecados perdonados, ni para ser salvo.

Querido Señor, Tú hiciste lo suficiente, hace casi 2.000 años. Pagaste el precio completo por todos mis pecados y por mi salvación una vez y para siempre.

Desde este día, pongo mi confianza en lo que hiciste por mí en la cruz. Es suficiente. Soy salvo por lo que Tú hiciste por mí. Nada fuera de Ti podrá jamás mejorar mi salvación.

Tú fuiste herido por mis iniquidades; fuiste molido por mis pecados. El castigo que yo debí llevar fue puesto sobre Ti y Tú lo llevaste por mí.

Ahora soy salvo, soy salva.

Desde este momento, me esforzaré en seguirte y en compartir las buenas nuevas con otras personas de modo que ellos también reciban Tu vida.

Gracias, Señor, por mi salvación completa.

Estoy redimido, redimida. Mis pecados están perdonados. No me pueden volver a condenar. Soy salvo, soy salva. Creo en Jesucristo. Creo en todo lo que has hecho por mí. Es lo suficiente. Tengo paz. Estoy libre de toda culpa y condenación. Soy un cristiano o cristiana, un seguidor o seguidora de Jesucristo, el Hijo de Dios.

Gloria al Señor. Jesucristo me salva ahora mismo.

Amén.

Ahora sus pecados están perdonados. Colosenses 1:14 *Su nombre está escrito en el libro de la vida de Dios.* Apocalipsis 21:27 *Cree solamente. Cristo vive en usted ahora.* Gálatas 2:20 *Usted tiene Su vida.* 1 Juan 5:12

Comience su vida nueva leyendo los Evangelios de Cristo y orando cada día. Hable a otras personas acerca de su nueva vida y hágase un socio o socia en la tarea de alcanzar a los demás para Cristo.

Una nueva vida milagrosa ha comenzado en usted. Me agradaría que me escribiera personalmente y me dijera si ha experimentado la salvación.

Desde el momento en que recibamos su carta, mi esposa y yo estaremos de rodillas cada mañana, orando y creyendo que Dios le dará lo mejor que El tiene para usted y su familia.

En una acción de fe, firme la decisión en la página siguiente. Defínase en esta decisión. El hecho de recibir a Cristo como su Salvador es el milagro más grande de su vida.

Si usted cree en las promesas de la Biblia contenidas en este libro, y si ha hecho sinceramente esa oración y ha recibido a Jesucristo en su vida por la fe, entonces un ángel está escribiendo su nombre *en el libro de la vida del Cordero,*[Apocalipsis 21:27] *en estos mismos momentos.*

Firme su decisión en el espacio que aparece a continuación y la misma será un testimonio perdurable de la experiencia que acaba de tener hoy. Si su enemigo el diablo trata alguna vez de hacerlo dudar de lo que se ha realizado en su vida, recuérdele la decisión que ha firmado en este día, y sepa que usted ha recibido la vida abundante de Jesucristo y que ha nacido de nuevo.

Ahora selle la decisión y confesión arriba enmarcada escribiéndome personalmente y contándome que ha aceptado a Jesucristo, y que ha recibido el milagro del nuevo nacimiento.

Mi esposa y yo oramos por toda persona que lea este libro. Nuestra mayor recompensa es recibir cartas de quienes han vuelto a nacer como resultado de leerlo.

Le contestaremos personalmente, y seremos

sus amigos para juntos seguir y servir a Jesucristo.

Estamos orando por usted.

MI DECISION

Hoy he leído el libro *La Buena Vida.* He aprendido lo que significa ser salvo. Sinceramente he dado los pasos bosquejados en este libro y he hecho reverentemente la oración que aquí aparece escrita.

Creo que he recibido a Jesucristo en mi vida y que he renacido con Su vida en mí. Entrego mi vida para hacer lo mejor a fin de agradarle a El en todo lo que piense y haga. Con Su gracia y Su ayuda, voy a compartir a Cristo Jesús con otras personas.

Apoyándome en El para que me guarde por Su gracia, he hecho esta decisión en el día de hoy, en el nombre de Jesucristo.

Firma:________________________________

Fecha:________________________________

DISTRIBUIDORES INTERNACIONALES
de libros Osborn

Editorial en ESPAÑOL
EDITORIAL DESAFIO, APDO. 29724
BOGOTA, COLOMBIA

♦ ♦ ♦

ENGLISH Distributors
ACCESS INTERNATIONAL
2448 E. 81st St., Suite 4705
TULSA, OK 74137 USA

♦ ♦ ♦

FRENCH Distributors
Assoc. IMPACT PLEIN EVANGILE
32140 PANASSAC, FRANCE

♦ ♦ ♦

VIE ABONDANTE, B.P. 241,
03208 VICHY, CEDEX FRANCE

♦ ♦ ♦

GERMAN Publisher
SHALOM – VERLAG
PACHLINGER STRRASSE 10
D-93486 RUNDING, CHAM, GERMANY

♦ ♦ ♦

PORTUGUESE Publisher
GRACA EDITORIAL
CAIXA POSTAL 1815
RIO DE JANEIRO-RJ-20001, BRAZIL

(Para pedidos al por mayor, solicitar descuento).